JICAプロジェクト・ヒストリー・シリーズ

ペルーでの愉快な、でも少し壮絶なスポーツ協力

国際協力をスポーツで

綿谷　章

WATAYA Akira

はしがき

　「失われた80年代」とも称されるように、1980年代は累積債務問題を抱えた中南米諸国にとって経済低迷の時代であった。ペルーではハイパーインフレーションが発生した結果、貧富の格差が拡大し、人々の間に不和をもたらしていた。同国におけるテロ活動が活発化し始めたのも同時期であり、青少年が犯罪や事故に巻き込まれる例は枚挙に暇がない状況であった。本書の著者である綿谷章氏がペルーに降り立ったのは、同国がこうした激動の時代にあった1980年8月のことだった。

　綿谷氏は、青少年たちがスポーツに親しみトレーニングを積むことで自己の形成につながり、肯定的な歩みをもたらすと考えた。スポーツには守るべきルールがあり、一人ではできないことに、誰かと協力して立ち向かわなければならない。仲間と協力し、トレーニングを行った末に、勝つ喜び、負ける悔しさを知り、互いを称えあい、さらなる高みを目指す。この目標に向かって生きる姿勢を身につけることは、どのような社会情勢においても、進む道を誤らない人間の根幹となる、と確信したのだ。

　また、スポーツは「する・見る・支える」の3要素からなる。青少年がスポーツに取り組むことで、家族はそれを支え、地域住民はイベントに参加する。勝ち負けのみならず、多様な人々の外出機会を創出し、交流のハブとなる。巻き込むアクターの多さからも、スポーツは一国の開発における重要な手段であるといえよう。綿谷氏は、地方巡回指導を通じ、各地で青少年に夢を追いかけ、自分の手でつかむことの素晴らしさを教えてきた。その結果、63のペルー新記録樹立に加え、教え子のオリンピック出場を成し遂げた。

　しかしその道は決して平坦ではなく、常に困難がつきまとった。本書の中で綿谷氏は、この10年間の活動を「疑問」「苦悩」「葛藤」「貧困」「挑戦」「創造」と振り返る。時に裏切られ、時に職を失い、それでも教え子

を愛し、ペルーを愛する理由は何なのか。物質的には貧しくとも、「センセイ」を信じ、夢に向かって汗を流したペルーの青少年たち。彼らの挑戦に寄り添い、時として苦悩しながらも情熱を注ぎ続けた著者。

　本書は、このペルーと日本の国境を越えた「センセイ」と教え子たちが織りなすヒューマンストーリーである。著者の視点から、登場人物を取り巻く人々の様子が細やかに描かれており、臨場感溢れる物語となっている。長年に亘る活動から得た学びや気付きを多くの人に、特にこれから国際協力に携わる若者たちに是非伝えたいとの思いから、本書は執筆されている。公式な報告書には残されない、奮闘の日々を描いた物語である。本書でそれを紹介することにより、魅力あふれる国際協力の世界について読者の皆さんに知っていただくきっかけになればと思う。

　本書は、JICA緒方研究所の「プロジェクト・ヒストリー」シリーズの第36巻である。この「プロジェクト・ヒストリー」シリーズは、JICAが協力したプロジェクトの背景や経緯を、当時の関係者の視点から個別具体的な事実を丁寧に追いながら、大局的な観点も失わないように再認識することを狙いとして刊行されている。スポーツをテーマにしたものは、南スーダンを舞台にした「スポーツを通じた平和と結束」が刊行されているが、海外協力隊から始まったスポーツ協力に焦点を当てたプロジェクト・ヒストリーは本書が初めてである。益々の広がりを見せている本シリーズを、是非、一人でも多くの方が手に取ってご一読いただくよう願っている。

JICA緒方貞子平和開発研究所

研究所長　峯　陽一

目次

ペルーでのスタート

　1980年8月。深夜にリマに到着して宿泊したホテル "アルカサール"。翌朝、散歩したのがプラサ・デ・アルマス（武器の広場）だった。スペイン副王領の雰囲気が漂う建築物に圧倒された。紹介する写真は2019年、39年振りに訪問した際のプラサ・デ・アルマスだ。

ペルーの主要な機関が並ぶ"武器の広場"
（2019年6月撮影）

大統領府（ここで大統領演説が行われる）

リマ最大の繁華街"ミラフローレス"の夜景。海岸はトレーニングの場でもあった

本書で中心人物となるリカルドとフェルナンド兄弟

10年という時間を共に歩んだリカルドとフェルナンド（左）。右はリカルドのファミリーを囲んで

新築された陸上競技場を案内する教え子たち

道　場

　汗を流した道場。私はトレーニングする場所を"道場"と表現していた。私たちが歩む道を模索する、追求する、そして極めるために身も心も打ち込む場所だから。道場は"公園"だったり、"砂丘"だったり、時には"海岸"だった。スポーツインフラが十分でないペルーでの苦肉の策だ。

リマ・バランコ地区の公園にて

イカ市郊外のワカティナ砂丘にて

テレサの400mスタート

乾ききった柔らかい、しかも熱い砂丘を懸命に登る。筋肉の隅々まで使う。右はアンコン海岸にて

ワカティナのわずかな緑を求めてリラックスする。毎年恒例の合宿道場である

アンデス地方ワンカーヨ市での講習会

リマ・国立競技場での講習会

お世話になった人々

トルヒーヨ巡回指導の際、1カ月余り食事の提供とスペイン語の強化をしていただいたサンタ・ローサ校の校長先生

最初の巡回地トルヒーヨでの忘れられない2人のコーチと通訳の田中両蔵氏

タクナ・リガのメンドーサ先生（左から2人目）。タレント発掘の手腕を発揮して、多くの選手を連携して育てた

リマ市内アンヘラ墓地で眠る恩師の加藤明氏。協力隊時代の2年間ご指導を頂いた

ペルー国旗を胸に

ソウルでのリカルド

長距離選手フェリックス・イナド

日本武者修行の
フェルナンド

（金沢・兼六園にて）

南米の国際大会でペルーチームの
コーチとして参加

卓球の田中（中央）と陸上の椿原（左）

バレーボールの
古川、椿原と長
崎にて
（2020年）

新たなスタート・駒ケ根訓練所

　1989年、ペルーから日本に帰国した私は青年海外協力隊駒ケ根訓練所に勤務。そこで国際協力の経験豊富な多くのスタッフと出会い、充実した日々を送る。それを基盤に日本での生活の再スタートを切る。

スタッフ全員で研修旅行

スペイン語クラスの
先生と訓練生

スタッフと懇親会

長崎にて

長崎の活水女子大学に転職した私は長崎県青年海外協力協会での活動や開発教育に取り組む

宮崎市での開発教育研修会

企業との懇談会

長崎県青年海外協力協会の総力イベント

シンポジウムに登壇

ボリビアに演奏旅行した先生方（左）。この交流
がご縁となり、ボリビアの中学生受入が実現。サ
ン・ファンに寄贈された長崎バスを背に

サマージュニアキャンプ（香川県）と活水中学生との交流

協力隊参加から今日までの活動が評価されて賞状を賜る

左から日本マスターズ陸上。JICA理事長賞。文部科学大臣賞

教え子と彼らの教え子たちに囲まれて（2019年）　総合型スポーツクラブ活動

福祉施設での介護予防教室　学童保育でのストレッチ運動

序　章

はじめに

　2023年4月、私は今「社会福祉法人小榊（こさかき）アスカ福祉会」という介護福祉施設に勤めている。教育学部体育科を卒業してから、体育の教員やスポーツコーチを永く勤めた。その私がなぜ介護福祉施設で働いているかというと、4年前、この施設の理事長から思いもよらぬ言葉を投げかけられたことによる。

　「綿谷さんの教員、スポーツコーチとしての経験をうちで活かしてくれないか」

　とっさには理解できなかった私は聞き返した。

　「スポーツコーチの経験をどう活かすのでしょうか」

　「職員の教育、育成を担当してほしい」

　遠慮がちに、しかし、はっきりと具体的な業務を示された。つまり、スポーツコーチとして選手を育ててきたノウハウで介護職員を育ててみないか、という要請だった。介護の世界は私にとって畑違いで専門的なことは何もわからない。介護職員とどのような接し方をしたら育成につながるのか、見当もつかない。「ただ人として、社会人としての必要な考えや業務に積極的に取り組む姿勢を、スポーツ選手育成の方法で介護職員に身につけさせてほしい」ということだった。

　理事長は、協力隊の先輩にあたる吉田芳男さん。青年海外協力隊（昭和48年1次隊）のネパールでの養殖指導に貢献した。私が1990年に長崎の活水女子大学国際交流課に赴任した時、長崎県青年海外協力隊OB会（現：協力協会）の会長をされていた。長崎に知人が一人もいない私はさっそく入会、一緒に活動して以来、大変お世話になった。その頃、吉田さんは長崎県社会福祉協議会に勤務しておられた。10年後、53歳の時に退職され、福祉に関する知識や経験を活かして介護福祉施設を創立された。介護保険制度が施行されて2年後のこと。立ち上げの際、私は理事長の推薦で理事の1人に就任した。そうした経緯でのお誘いだと思いあ

たった。

　私は専門に取り組んできた体育教育やスポーツ指導がもし役に立つのであればこんな幸いなことはない、協力隊での活動などすべてが活かされる素晴らしい機会を与えていただいた、と受け止め快諾したのだった。

　青年海外協力隊に応募するにあたり、私には、定められた任期2年という時間的制約は初めから念頭になかった。当時、勤めていた金沢経済大学の好意で休職措置での参加となったが、後々迷惑をかけるので退職して参加するつもりでいた。協力隊で国際協力活動をスタートするからには、それを端緒として、可能な限りスポーツによるボランティア活動を継続して生きていきたいと考えていた。復職して体育教師としてその経験を活かす道もあるけれど「どこかの開発途上国のスポーツコーチが自分の居場所、役割かな」と考えていた。

　全く根拠はない。甘いね、とよく言われる。そのとおりで、日々知識や経験を学び身につける努力をすれば、道から大きく外れず、継続して前へ歩んでいけると思っていた。若かったからだと思う。先の見えないゴール、漠然とした自分の道を想像しながら歩いてみたかった。"スポーツでボランティア活動"をという学生時代に心に秘めたアイデンティティだけは失わず。

　協力隊を経験した多くの人は、それを一つの経験として日本社会に戻る。ある人は、その経験を活かし別の職についてキャリアアップしていく。またある人は、復職して継続的にその経験を活かしつつ歩んでいく。素晴らしいことだ。社会のそれぞれの場で彼らの一つひとつの経験が話され、活かされ、もし誰かの心に残り力になれるとしたら、それは貴重な貢献になる。まさしく今日の一層多様化した時代において。

　私は吉田理事長に提供された今の「職員育成」という業務を大切に思っている。それは私が歩んできた経験を、その延長線上で、活用する場をいただいたからだ。今までの歩みで、おそらく計画性、指導力、眼力、忍耐力、継続力、対話力、ルールの順守、公平性などが多少身についたので

はと認識している。スポーツ隊員は（一般的にスポーツ選手も）これらの要素を、トレーニングを通して身につけるからこそ社会で役立ち、職域で必要とされる人材として評価されるのではないだろうか。職場の中の人的財産、人財と目される所以だ。それに加え、ボランティア精神に基づく国際協力の体験は、人としての幅を広げ深めることができるのではと確信している。

　さて、古希を迎えた頃、まだ思考力が残っていて、文章を書く気力があるならば「自分の歩んだ道」をまとめたいと思っていた。あれから2年が経過、やはりその挑戦は無謀だと諦めかけていた時、友人が歓談の席で「綿谷さん、書きませんか！」と熱心にエールを送ってくれた。この力強いエールで優柔不断な私の気持ちが一転。スポーツでの国際協力やボランティア活動に興味のある人に参考となるものを書こうと決心した。思いは一つ。読んでいただいた方々がご自身のスポーツ活動を民間での協力活動や国際協力活動に結びつけてほしいということだ。

　スポーツを経験し、ある程度の技術と理論を身につけた人ならば地域の子どもたちに指導できる。子どもたちがスポーツを好きになるための協力ができる。その子どもたちの中から将来一人でも外国でプレイをしたり指導をすることになれば、これは紛れもなく国際協力に携わったことになる。

　特に、若い方々は国際協力を実践するために世界へ羽ばたいてほしい。どこへ行ってもそこには仲間がいる。夢がある。共働作業ができる。そこで自分の居場所を確保できる。平和について語り合うこともできる。計画を立案し、実行が伴えば夢は現実のものとなる。もちろんそれなりのリスクは伴う。それ故、実践と同時にそのリスクに打ち勝つ自分を形成しなければならない。そのことを申し上げてから拙書のペンを執らせていただく。

第 1 章

青年海外協力隊

第1節　配属先は南米ペルー

招かれざる客

「私はおまえを雇った覚えはない。帰ってくれ」

いきなり罵声を浴びせられた私は、なぜこうなるのかわからず戸惑った。

独立行政法人国際協力機構（JICA）の青年海外協力隊員として、配属先のペルー陸上競技連盟（FPA）会長室を訪ねたときの出来事だ。キツネにつままれたかのようだった。ことの顛末が十分理解できない私は、何度も会長の言葉を聞き返し、なぜ私がここに来たのか、二カ国間国際協力協定について拙いスペイン語で説明した。しかし私の労力は無駄骨に終わり、結局、追い返されてしまった。

1980年9月1日、初出勤日に私は所属先無しとなった。陸上競技のスタートの合図「位置について」を、スペイン語で「エン・ス・マルカ」というが、私は「位置」に着く場所自体を奪われてしまった。

1980年7月、日本を出発。グアテマラのケサルテナンゴという町で1カ月間のスペイン語研修を終え、ペルーのホルヘ・チャベス国際空港に到着したのは8月下旬だった。タラップから降りる時、顔に空気の塊がぶつかったように感じた。土埃が冬の霧雨で固められ、空港全体に重くのしかかる塊となる。独特の、恐らくリマの匂いなのだろう。鼻をつき、正直好きになれそうもない匂いだ。到着が深夜だったこともあり、リマがどことなく陰鬱な街という第一印象を抱いた。

翌日、セントロ・リマの安ホテルで目覚めた。アルカサールというビジネスホテルで、素泊まり21USドルだ。脳裏にはあの空港とホテルまでの夜景が残っていた。暗闇の中、リマの街並みはおぼろげな様相を呈していて、人影もまばらでまだどのような街なのか判別できない。ただ、暗闇の中のぼんやりとした灯りは沈みがちな心を支える役割を担ってくれた。

リマでの第一歩、昨夜の情景を振り返りつつセントロ（中央地区）の街並みを散歩した。驚き、意外だった。大統領府や教会など洋館がぎっしり

と立ち並び、街路を先住の民が我が街のごとく闊歩している。スペイン風コロニアル洋館群に色とりどりの民族衣装、その風景がミスマッチではなく、自然な印象を受け唖然としたのだ。私の既成概念にない、あたかも超高層ビルの前に武士集団が陣取っている風景だ。面白い。どうして？というワクワク感がこみ上げてくる。この違和感をきっかけにリマ、ペルーの習慣、文化、地理などに興味をそそられていった。その後、少しずつ知っていくうちにペルーが大好きになっていった。

ペルーでのきつい洗礼

　セントロを散策した翌8月29日、国立競技場内にあるFPAとスポーツ庁を、国際協力事業団（現、国際協力機構）ペルー事務所（以下、JICAペルー事務所）の川辺職員と表敬訪問した。陸軍大佐であるロヘリオ・サンチェスFPA会長は歓迎し、握手をしてくれた。背の高いすらりとした体格で50歳代の紳士だった。

　「アキラ、よく来てくれた。待っていたよ。選手たちをよろしく頼む」

連盟事務所にて

　私の専用机を自ら設置し、技術指導をすることになるグラウンドを案内してくれた。まだ全天候性の競技場はなく、土のトラックでフィールドはいきいきとした緑の芝生が敷き詰められていた。だが、そのフィールドでの投擲競技や練習は禁止。サッカー王国南米を象徴する一コマだ。

　トラックで細々と活動するのが陸上選手なのか。後に一緒にトレーニングをすることになるイタリア系のマルコ・マウティノとジョルジョ兄弟がゆっくりとジョギングをしていた。会長によると2人ともペルー短距離界のエースだという。全天候性トラックがない環境で100ｍ10秒2の記録を持っている。

　スポーツ庁ではタン長官を表敬。中国系の小柄な人だ。FPA事務所に戻り、簡単な業務の説明をすませたサンチェス会長は「仕事は9月1日からお願いする。それまで休んで体調を整えてくれ」と言い残して退出。それを確認して、イルマという女性秘書が事務所の会計担当者や庶務の職員数名を紹介。私は9月1日に出勤することを申し合わせて事務所を後にした。

　8月30日、ホテルでテレビ観賞。フェルナンド・ベラウンデ・テリー新人統領の所信表明演説が放送されていた。1963年からのファン・ベラスコ・アルバラードと、1968年からのフランシスコ・モラレス・ベルムデスによる12年間の軍事政権を制しての就任だった。民政の世になったのだ。目抜き通りには露店が並び人の往来で賑わっている。私も露店で揚げチュロスを買って食べた。好物のブラックコーヒーと共にいただくと甘さと苦みが調和してなかなか美味しい。ところがあとが大変だった。夜に激痛が走り、下痢が2日続いた。安ホテルで孤軍奮闘。恐らく不衛生な油、慣れない水にやられたのだろう。いわゆるペルー（異国）での洗礼を受けたのだ。

　下痢も収まり、体調も戻りつつある9月1日、約束どおり出勤した。まだ食事はできず、空腹を抱えながらも意気揚々と初出勤。FPAに到着するとイルマ秘書が私を会長室に案内してくれた。そこには先日のサンチェス氏ではなく別の人が座っている。「え、なぜ？」と驚きを隠せず呆然とする。体格

のいい強面の顔が印象的な人が眼前に。私が自己紹介をする暇もなく、その新会長は冒頭の一言を言い放ったのである。

　なぜこのような事態が起こるのか、悩み、JICAに相談した。

　後日この失業劇の真相がイルマ秘書の説明でわかる。政権交代に伴い、サンチェス会長の任期は8月31日までで、9月1日にはいないことを知っていて私に出勤を申し渡したようだ。勿論、新会長から「帰れ」と言われるとは誰も思わない。退任前にサンチェス会長名で、私への辞令と協力要請書が8月29日付で作成され、その内容と私の紹介記事が8月30日付コメルシオ（ペルー最大手新聞）朝刊に掲載されたそうだ。私は読んでいなかったが、イルマ秘書から詳しく教えてもらった。

　つまり、バジェン新会長は9月1日付就任で、その後、9月3日にFPA新役員体制を決定、9月5日にはスポーツ庁の新長官ビクトル・ナガロ氏（タン氏も解任されていた）を表敬、役職宣誓をしている。また、その内容を9月8日のFPA広報で発表し、私宛の辞令を9月19日付で交付するのだ。この辞令はサンチェス前会長が作成したものを名前と期日を変更しただけのもの、とイルマ秘書から聞いた。

　辞令を受けて、私はFPAに10月2日付の報告書「任務遂行のための計画書」を提出した。これはサンチェス前会長が私宛に残した「協力要請書」を受けてのもので形式的なものだ。新会長と協議して作成したものではなく、要請されたわけでもない。それ故、実質的な協議で任務に就くのはまだ先のように思えた。

もぐりの指導で仲間が新記録

　9月1日に配属先無しとなった私は、このような状況下で自分にできることは何かを考えた。そして、自分の職種である陸上競技を実践しながら状況を改善していこうと割り切った。翌日から毎日、国立競技場に通い、グラウンドでトレーニングに励んだ。そこで選手たちと練習仲間になり、一緒に汗を

流し、請われれば指導もした。もぐりの指導だ。

　また、9月上旬に住居をホテル・アルカサールから日系人が経営するペンション・ミツマス（光増）に移した。ペンションから国立競技場まで片道1時間の距離を、日曜日以外毎日徒歩で通った。その往復にはいつも選手や若いコーチたちが数人同行。スペイン語で日本のこと、ペルーのことなど会話をしたので、語学上達に大変役立った。怪我の功名だ。

最初の練習仲間。左から3人目がロナルド

ロナルド選手

失職から1カ月余り後の10月5日、国際大会選手選考会が国立競技場で開催された。一緒にトレーニングで汗を流した選手の中の1人、24歳のロナルド・ラボルグが走幅跳で7m32のペルー新記録で優勝。試合後、彼はメディアからのインタビューに「僕が新記録で優勝できたのは、日本人コーチのアキラ・ワタヤのお蔭だ」と、驚きのメッセージを発信した。翌日、そのメッセージが掲載された新聞を読んだ例の新会長バジェン氏から「すぐに連盟に来てほしい」とJICAペルー事務所に電話が入った。

　電話を受けた川辺さんは、JICAペルー事務所の現地採用で働いている方で、経理を担当。私の失業問題を解決するために一緒に奔走して頂いた最初の恩人だ。日系2世の奥さんも非常に心配してくれた。

　その日、10月6日に私は会長から初めて口頭でFPAコーチを要請され着任した。正式な辞令と業務内容は後日、10月31日付FPA広報で公表され、全地方協会（以下、リガ）やメディアにも報告された。こうして、晴れてFPAの技術顧問並びに地方選抜選手コーチを拝命したのである。

　予期せぬ悲しい思いをした失業劇。憤りや不信感など、かつて日本での生活で一度も経験したことのない最悪の心理状態に追い込まれた。これが

ロナルド夫妻と

途上国なのか。これがペルーなのか。得体のしれない魔物に食い潰される
のではないかと恐怖を抱いた。だが見方を変えると、この1カ月という時間は
私の生活のリズム、流れを変える時間でもあった。

　私の窮地を救ったのはロナルドのペルー新記録であり、記者会見だっ
た。彼には心から感謝した。その後、国立競技場までの道のりを毎日共に
したロナルドを含む選手たちは、正式に私が指導する最初のグループとな
る。ロナルドは3年後に結婚するのだが、私は仲人を頼まれ無謀にも引き受
けた。人生初の仲人だ。

第2節　ボランティア活動とスポーツ

はじまりは青少年赤十字

　私が青少年赤十字（JRC）のボランティア活動を知ったのは、小学校1
年生の時だった。友だちとボランティアの意味すらわからないままゴミ拾いを
した。単なる学校内外の清掃作業だけでなく、困っている人がいたら援助
する、神社の境内や通学路の清掃をする、雪が積もって通れない道があっ
たら雪かきをする。このようなことを当然の作業と思っていた。中学校を卒業
するまでの9年間、町の小中学生はJRCの会員だった。ボランティア精神に
触れ、目覚めのときだった。

　私はこの9年間、担任の先生に恵まれさまざまなスポーツを経験すること
ができた。特に、3年生の時の長村法男先生は体操競技で国体に出場し
た方で、総合的な身体の動きや柔軟性を身につけてくれた。4年生の時の
児島勉先生は書道の大家だが、相撲が大好きな先生で、休み時間になる
と「綿谷、かかってこい」とぶつかり稽古のまねごとをしていた。私の顔を
見ると「かかってこい」であった。5年生の時の川村義雄先生は陸上競技
を専門としていた先生で、走幅跳などを教えてくれ、先生が使っていたスパ
イクを譲っていただいた。人生最初のスパイクだ。

　故郷の金津は人口1万人に満たない小さい町ながら分校も合わせると

小学校が10校あった。町内の連合運動会が盛大に行われ、私は先生方のお蔭で常に徒競走で優勝できた。

　さらに小・中学生の9年間、長谷川玉義という校長先生の薫陶を受けた。私一人が受けたわけではないが、9年間の多くの"校長講話"で校長先生も私の担任の先生の1人という感覚になっていた。校長先生は肩幅が広くがっしりした方で、小学生の頃は"お相撲さん"みたいと思っていた。とても威厳があり、子どもながらも尊敬し、憧れの大人だった。

　長谷川校長先生の講話の中にはいつも奉仕（ボランティア）精神が述べられていたように記憶する。前述したように、JRC活動に積極的に取り組んでいた学校だったので、清掃、挨拶、援助、公平な言動などは当たり前の行為だった。

　この環境は学校内だけに留まらず、地域にも波及していたように思う。いや、地域には既にそのような土壌があったかもしれない。当時、町は冬になると結構雪が積もった。一晩で50cmという時も稀ではない。そんな時は早朝からスコップを持ったお父さんたちが出張って雪かきをする。雪かきをして開けた人が一人通れるほどの細い雪道を延々と幾筋も学校までつなぐ。子どもたちも手伝う。その手伝いは途中から遊びになり、ポカポカ汗だくになり、楽しくて仕方がない。寒さなんかに負けない。朝食をすませた子どもたちはその細い雪道を一列になって歩いて登校した。雪国の子どもたちの体験はみな同じようなものだろう。その地域の団結力は台風や洪水の時にも発揮される。地域に住む人々はお互いに家族を守り、子どもを守って生活していたように思う。私はこのような地域と学校で育てられた。

バスケに明け暮れた中学時代

　中学生時代はスポーツ三昧の3年間だった。入学早々大好きな野球部に入った。毎日のようにソフトボールをしていたので、小学生のころから野球選手に憧れていた。

　その野球部をわずか1カ月で退部。外部コーチの不公平な指導に大人の汚点を見た気がしたからだ。とても許しがたい行為で幻滅した。心はかなり傷つき、これは好ましいスポーツの在り方ではない、と感じた。

　退部した私は、それを癒すかのように、まだ部活を決めかねている友達を誘ってバスケットボール部に入部した。仲間5人での挑戦だ。そのとき部員は2年生がゼロ、3年生が6人しかおらず、私たちは大歓迎を受けた。バスケ部は先輩が厳しい練習を課すので、それに怯えて下級生が誰も入部しないとの噂だった。それを知らずに入部した私たち5人は3年生の猛練習に遭い、歯を食いしばりながらなんとかついていった。

　バスケ部には顧問の先生はいたが、専門的に指導する先生はいない。だから生徒が自主的に練習計画を立てて取り組んでいる状況だった。まだ身体も精神も弱く、出来上がっていない私たちは毎日へとへとになりながらも練習を休むことはなかった。そこでは不公平な行為は全くなかったからだ。頑張る選手は学年にかかわらずすべて公平に評価された。とてもやりがいを感じたのだ。

　その年、3年生主体のチームは春季郡大会で3位になった。しかし、県大会に駒を進めることができず、その大会後、全員引退した。私たち5人だけが残る部活となった。さて、どのように練習を進めようかと思案していると、引退した3年生の1人、キャプテンだった先輩が、自分は中学校を卒業したら就職するから高校入試の勉強はない。バスケ部のコーチをしてお前らを鍛える、といって毎日顔を出す。彼は身長180cmを超す、当時では非常に恵まれた体格の持ち主で、文字どおり我が部の第一人者だ。この先輩の申し出に私たちは大喜び、そして感動した。昭和30年代はまだ多くの中学生が金の卵として集団就職をしていた。私たち1年生は5人とも高校進学を考えていたので、この2学年の年齢差は大きい。戦後の1年ごとの変化や流れの重さを感じた。私たちは昭和25年生まれ、先輩は23年で、卒業するときは戦後まだ18年しか経っていないのだ。

私はこの先輩からボランティア精神を学んだ。自分は試合に出ないのに私たちに手を貸してくれる。大切な時間と労力を提供して。この先輩は、もしその頃、スポーツ推薦入学があり、県内のバスケットボール強豪高校に入学していたら、高校ではもちろん、社会人でも素晴らしいバスケットボール選手になっていただろうと思う。中卒就職という現実は好きなスポーツを断ち切らなければならないことだった。私たちにとって先輩は人物も技術においても憧れの人だった。

ボランティアの指導で県大会へ

　私たちを指導してくれた人がもう1人いた。やはり中学の先輩で福井商業高校のバスケ部で活動していた人だ。この高校は県内トップクラスのチームで、インターハイや国体にも出場していた。そのチームの一員だった先輩が時々私たちの指導のためにコートに来てくれた。その指導内容は高校生レベルのテクニックで常に興味津々、夢中で覚えようと取り組んだのを覚えている。この先輩のボランティア精神にも深く感謝した。

　私たちのチームは部員が少なかったが、この2人の先輩と、練習を温かく見守っていてくれた顧問の英語の先生に恵まれた。1年生の秋の新人戦では郡大会で2位となり県大会に進んだ。結果は1回戦でコテンパンにやられた。県レベルではまだまだ幼稚なバスケだった。翌年、2年生になり少し実力と応用がつき、春季大会で県大会に進み、秋季の新人戦では県大会で優勝した。3年生では春季の県大会で優勝するまでになった。そして、私たちの活躍ぶりや公平な練習を見て、後輩たちが続々と入部して活気あふれるバスケ部へと変身した。

　15歳の私たち5人にとってこの経験はそれからの生きる基盤を形成してくれた。2人の先輩のボランティアがとても強いインパクトを与えた。この2人がとても輝かしく、そして尊敬した。自分もいつかボランティア精神で人の力になりたい、スポーツを通して援助、指導したいという芽がほのかに芽生えて

いたかもしれない。

　中学時代、陸上競技の大会は全校あげて選手を選考して大会に臨ん
だ。いまでも多くの中学校はそうだろう。私たちバスケ部の5人は陸上大
会、駅伝大会に常に招集された。そして、バスケ同様、結構活躍した。
2人のボランティアに鍛えてもらった私たちの体力は陸上や駅伝でも通用し
たのだ。4×200mリレーでは県新記録優勝、駅伝は郡大会優勝。私は個
人的に走幅跳と三種競技で県チャンピオン、県新記録をマークした。さらに
相撲にまで狩り出された。田舎で、町ぐるみ相撲人気が高いのだ。町内の
公園には立派な相撲場があり、大相撲が巡業に来るという土地柄でもあっ
た。就学前の私が横綱大内山に抱っこされた写真を見たことがある。私た
ちは県大会で団体優勝、私は個人優勝も経験した。県大会では嶋田源
一郎君と戦い、勝利したこともある。彼は後に、大相撲入りをして"天龍"
と四股名を冠し活躍、そしてプロレスへと転向した。私も当然ファンの1人と
して密かに応援した。ただ、私としては、四股名は"九頭竜"と名乗って
ほしかった。福井を象徴する自然の1つである九頭竜川は私たち福井県人
にとって心の拠り所なのだ。

　このように私はボランティア精神とスポーツの素地を生まれ育った町、福
井県金津町で育むことができた。そしてこの経験が29歳の時の青年海外
協力隊受験につながるのだが、その頃はまだ形すらない。

ふるさとは北陸金津町

　私のふるさと金津町について少し紹介する。この町はかつての宿場町
だ。市場も賑わっていたのか、地名に六日町、八日町、十日町がある。そ
して町の規模からするとお寺がとても多い。ほとんどが浄土真宗だ。町の
北外れ、石川県大聖寺町との県境に位置する吉崎という地名の村に吉崎
御坊がある。この御坊は親鸞聖人の弟子の1人、蓮如上人（京都本願
寺8世）が1471年に建立した御坊だ。

この御坊を拠点に北陸での布教活動をしたといわれている。吉崎御坊の一大行事として蓮如忌があり、毎年4月23日から5月2日とされている。京都東本願寺から吉崎御坊（東別院）まで門徒が徒歩で蓮如上人の御影の入った御輿を4月17日に運び始めるという、蓮如上人の吉崎下向を再現する伝統行事で300年以上連綿と続けられている。京都を出発し、琵琶湖沿岸の蓮如上人ゆかりの地を通り、吉崎御坊に4月23日に到着、その夜から法要が営まれる。法要が終わる5月2日には御輿は京都へと戻る。これを御上洛といって、5月9日に御帰山してこの行事は終了する。私たち地元の者は俗に“お下りお上り”と言って親しんでいる。

　門徒の勇士が応募して参加、御輿を担ぐ。行進は旧北国街道の難路約240kmを往復するのだ。特に福井県と滋賀県の県境にまたがる賤ヶ岳や木の芽峠あたりが一番の難所で、あの豊臣秀吉と柴田勝家が対峙し戦場となったところだ。私も門徒として一度は応募して行進したいと思っていたが、今日まで夢は果たせていない。

　“お下りお上り”の途中に立ち寄る町内の会所・お寺は全体で140カ所あったと伝えられているが、山十楽の“照厳寺”や町中央部に位置する六日町の“永宮寺”もその1つだ。この永宮寺ご住職の苗字は太子堂といい、聖徳太子ゆかりのお寺で、建立は1392年と伺っている。蓮如上人が北陸に下向され、吉崎御坊を建立する前はこのお寺に滞在し、布教拠点にしていたと伝わっている。私どもはこのお寺とご縁があり、菩提寺として両親を弔っている。

　このように金津町は仏教と関りが深い町で、それにかかわるさまざまな行事を子どもの頃に経験した。その行事の中にもボランティア精神を育むものがあったように思う。勧進などはよく覚えている。お地蔵さんの前にゴザを敷いて数人が正座してお布施を募っていたように思う。

開発途上国で働きたい

　1966年、高校生になったとき、私はJRCクラブと陸上部に入った。2つをどうしても切り離すことができなかった。その頃、青年海外協力隊事務局が発行していた協力隊誌「若い力」（現　クロスロード）や「世界の秘境」という雑誌がJRC部室にあり、興味深く読んでいた。この頃から協力隊員として開発途上国で働きたい、という願望を抱き始めた。そして職種として考えたのが漠然とスポーツだったがまさか陸上競技が職種になるとは思ってもいなかった。1965年に協力隊初代隊員が派遣されたばかりの頃で、未来に夢が広がった。

　JRC部での活動は施設慰問や公園清掃、それに外国人との交流だった。外国人との接点は小学生の時、町の教会で賛美歌を習ったのが最初だ。アメリカ合衆国の人だったと思う。中学時代にはアフリカ系の人を初めて見た。町内に東洋レーヨン試験所があり、そこに研修生として勤務していた。ガーナ人だと聞いた。

　部室では慰問のための飾り物や贈り物を作る。部員の中には手品や楽器が得意で、その練習に励んでいる人もいた。何もできない私はせっせと折鶴を折って千羽鶴を仕上げる要員の一人だ。芸のない人間だとつくづく実感する日々だった。それでも奉仕精神、ボランティア精神は衰えることはなかった。

　一方、スポーツは陸上部に入ったが、バスケ部の顧問から何度も誘われた。でも身長が低かったので諦め、自分の身の丈に合った、個人で競技できる陸上を選んだ。

　陸上部は熱心な顧問に恵まれて徐々に競技力がアップした。私は走幅跳を専門種目にと希望したが、顧問の天谷直樹先生からは5種競技を勧められて、それぞれの種目と格闘する日々を送った。それでも1年生の県春季大会では3位になり、駒を北信越大会へと進めた。この大会では4位で、青森県で開催される全国大会への切符を得ることはできなかった。2年生

の時は北信越大会で優勝、地元、福井県で開催された全国インターハイに出場。3年生でも北信越大会で優勝、2連覇して広島県で開催された全国インターハイに出場した。入賞を目標に取り組んできたが一歩及ばず9位で、高校時代の競技生活は終了した。とても大きな収穫があった5種競技だった。この時はまだ収穫とは思っていなかったが、協力隊に陸上競技指導で参加するにあたり、多種目を経験し、理論的にも顧問に指導された経験が生きてくる。

初めてのスポーツコーチ

　大学受験について本格的に考えなければならない時がきた。将来、ボランティアでスポーツ活動をするにはどのような選択をしたらいいのか。まず、スポーツコーチとして参加するには体育教師がいいだろうと思い学部は教育学部と決定、近隣の金沢大学教育学部を受験することにした。

　金沢を選んだ理由の1つは校舎が金沢城内にあることだった。百万石の街のど真ん中に位置する城内の学舎は閑静で子どものころから憧れの佇まいだった。金沢は父方の故郷でもあり、旧制第四高等学校時代から学生の街として市民に親しまれている学舎ということもあった。この教育学部体育科で仲間たちと体育・スポーツ理論や実技を学び、指導に必要な基盤を形成することができた。

　大学時代は自分のトレーニングに没頭する日々を送るのだが、1つのボランティア活動をした。金沢城の足元に位置する尾山神社と隣接する女子高校の陸上部コーチだ。自分も現役選手なので週2回の出張指導が精一杯、初めての指導で戸惑いばかりだったが、毎回のメニュー作りや年間プラン作成はその後大変役に立った。わずか3年間の活動だったが選手達の成長を感じ、自分の手で育成できる喜びを味わった。身体運動学や運動生理学、それに心理学など専門的な理論を総合的なトレーニング理論に組み込むことができれば指導者として成長できるのではと密かに感じていた。

　大学を卒業して私立の金沢経済大学に体育教師として奉職した。専任の体育教員は主任と私の2人で、他に非常勤の先生が1人登録されていた。一般教養の保健体育担当だが、履修種目の1つとして「健康トレーニングコース」を追加設定して担当させて頂いた。協力隊に参加するまで7年余りの大学での積み重ねは自分の得意分野となり、この経験が将来の協力隊スポーツ隊員につながる。

　大学教員時代は授業以外に陸上部、スキー部、バスケ部、野球部、アメリカンフットボール同好会の監督やコーチを経験した。経済学部の単科大学で、体育教員が2人しかいないため複数の部や同好会のお世話をしなければならなかった。お蔭で多くの学生と交流し懇談することができ素晴らしい思い出として残っている。このような中、29歳のとき協力隊を受験した。そして3カ月の訓練を修了して7月に昭和55年1次隊ペルー陸上競技隊員として、まずは語学訓練が行われるグアテマラに派遣された。ケサルテナンゴ市での語学訓練は有意義で、ペルー入りする事前の語学や現地生活の準備を整えることができた。陸上競技指導でいつまで、どのような形で国際協力ができるのか、自分が高校時代に思い描いた人生をスタートすることになった。

第3節　加藤明女子バレー監督との出会い

大統領の次に有名な日本人

　話をリマに戻そう。FPAからクビを宣告された私は即刻ホテルを引き払い、国立競技場のグラウンドに近い部屋を借りることにした。正式な協力隊員としての業務が始まる前に、短期間に難局が集中して鍛えられたが、逆にこれが幸いして「これから先どんな事態が起こってもやり遂げられる」という妙な自信が湧いてきた。総合的にタフになった気がした。

　転居先のペンション・ミツマスのオーナーは、日系1世の光増さんご夫婦。ここでは希望制で一日2食または3食提供してくれた。私は2食付で月300US

ベッドと机だけの憩える私の部屋

ドルのところ、小さな個室使用で200USドルにまけて頂いた。ホテル・アルカ
サールは1日食事なしで21USドルだったのでとてもありがたかった。入居者
はすべて日本人だった。

　8畳ほどの洋室にトランク2つの荷物を整理した。日常使用する着替えと、
スポーツウェアやスポーツシューズしかない。当時の協力隊員の赴任は、特
に男性はそんなものだった。スポーツコーチという職務上、自分の身体はい
つでも機能するようにトレーニングをしておかなくては、とぼんやりと考えての
転居だった。

　「ワタヤさん、夕ご飯よ」。入居した日の夕方、光増夫人（以下、おばさ
ん）が、日本語でドアをノック。食堂に行き、テーブルの空いている席に着
く。食堂のルールの1つに飲み物の扱い方があった。各自飲みたいものを
冷蔵庫から出して自由に飲んでよいが、飲んだものは必ず冷蔵庫の取っ手
に紐で吊るした"通い帳"に記入する、というものだ。私は早速ピルセン・
カヤオというラベルが貼られた750mlのビールを1本取り出し、栓を開けよう
とした。その時、おばさんが大声で私に近づき、

　「ワタヤさん、セニョール・カトーがあなたを訪ねて玄関に来ているよ」

　おばさんは日本語とスペイン語を上手に使い分けて話す。会話に都合が
いいように使い分けするのだ。驚いているおばさんに「カトーさんって、どな
たですか？」と尋ねると、おばさんは呆れた表情で「ウステ（あなた）、カ
トーさんを、ペルーの英雄を知らないの？」と言う。

　私はあれこれと思考を巡らせたが、リマに加藤さんという知人はいない。
おばさんは得意そうに、しかし慌てた口調で説明してくれた。それによると、
カトーさんとは加藤明と言って、ペルーの女子バレーボール監督で、チーム
をメキシコオリンピックで4位に育て上げたペルー国民の英雄であった。大
統領に次いで有名人、日系人社会の誇りだそうだ。

　「さあ、早く行きなさい」。急かされて玄関に行き、加藤さんと対面。痩
身で背の高い、いわゆる八頭身のバランスのいい姿の人、というのが第一
印象だった。話し方も柔軟で、今までずっと友達だったような錯覚をする。
その加藤さんに似合うキャデラックが横付けされていた。

　加藤さんは、私が協力隊の陸上競技隊員で赴任することを知っていた。
ペルーにおけるスポーツ隊員がペルースポーツの向上に貢献することを期
待していると言い、今日はまず2人で歓迎会をしようと誘いに来たのだった。
事前の連絡をせず、突然、サプライズ的な行動をする加藤さんに、私はそ

加藤さんの最初のチーム

加藤明さん

の人柄を垣間見た思いがした。

　加藤さんは私を、国立競技場近くの水の公園レストランに招待してくれた。アンティクーチョやロモサルタードなど何品かのペルー料理を味わいながら、ビールとワインで乾杯。47歳の加藤さんの今までの歩み、スポーツのよもやま話、リマの様子などを伺った。最後にスポーツコーチとしての心得を教えて頂いた。といっても、決して先生という口調でも、当然、上からの目線でもなく、友達にボソッと話しかける感じだ。この日の加藤さんとの出会いが私のその後の人生に大きく、しかも強烈に影響するとはまだ気づいていなかった。2人だけの歓迎会を終えて、またキャデラックでペンションまで送って頂いた。

3人のバレーボール隊員

　ペルーの英雄、アキラ・カトーの一協力隊員への接し方に、私は彼の人間性や愛情の深さを感じた。こういう人を本物の英雄というのだろう、としみじみ思った。この英雄が四方八方奔走してようやく獲得した協力隊バレーボール隊員が、古川正博隊員である。当時、既に監督を退いていた加藤さんは、後継者の朴萬福監督の片腕となる次代を担う若きコーチの必要性を感じていたのだろう。聞くところによると、日本大使館やJICAペルー事務所を何度も訪問して、JICA事業の1つ青年海外協力隊（JOCV）の存在を知り、ペルーにおけるバレーボール隊員の要請にこぎつけたという。当然、ペルーバレーボール連盟からの依頼を受けての派遣要請だ。しかも、加藤さんは日本でのJOCV隊員選考実技試験にも同席し、古川隊員たち受験者を観察したそうだ。

　その合格発表前、加藤さんは既にペルーにいて私の歓迎会をしてくださっていたのだが、その席で、選考会では2人の受験者に興味を抱き「あの2人のうち、どちらに来て頂いても十分通用しますよ」と目を細め微笑みながら話してくれた。そして、加藤さんの前に現れたのが古川隊員だった。

古川隊員は隊員になる前からアキラ・カトーとは不思議なご縁を授かっていたようだ。

　加藤さんは見抜いていたのだろうか。ペルーチームが世界レベルを維持し、さらに向上するには、実力ある若い日本人コーチが必要であることを。加藤さんが苦労して普及し、選手を発掘し、築き上げてきたバレーボール界の頂点と底辺層。その底辺層で志と夢を抱く小さな選手たちを愛し、その芽を育み、そして将来の人材を発掘してくれるコーチを必要としていたのだろう。

　加藤さんの期待どおり、古川隊員はペルーで2年7カ月間バレーボール指導に打ち込む。身体能力の高い彼は日々の努力を惜しまず、精力的に指導に励んだ。協力隊事務局は、古川隊員に続いて大坂、山本と後続のバレーボール隊員を派遣する。この三代の若きコーチたちはペルー女子バレーボール、特にジュニア層の選手育成に関して多大な成果を上げ、貢献する。加藤さんと接したのは古川隊員1人だが、3人とも朴監督を援助したことは言うまでもない。素晴らしい3人の連携、継続的指導があり、協会側との効果的な協力ぶりを実証したスポーツ隊員派遣の事例だ。これこそまさしく加藤さんが待ち望んでいた体制だったのだろうと胸が熱くなる。彼らに育てられたジュニア選手の数人は日本のバレーボールリーグで活躍する。朴監督もソウルオリンピックの後、その実績が評価されて、日本のイトーヨーカドーの監督として迎えられることになる。

　ペルーは1984年のロサンゼルス・オリンピックで敗北するが、次の88年ソウル・オリンピックでは破竹の勢いで勝ち上がり、ついに、決勝でソ連と戦う。残念ながら惜敗したものの輝かしい銀メダルを獲得した。朴監督のペルーでの有終の美であり、協力隊バレーボール隊員たちが役割をきちっと果たした結果でもあった。彼ら隊員がジュニアチーム時代に育てた選手が中心となったチームの栄冠だ。現地の観覧席で応援していた私は跳び上がるほど嬉しくて、3人のバレーボール隊員に心からの賛辞を贈ったのを鮮

明に覚えている。

　「古川さん、大坂さん、山本さん、おめでとう。みなさんの努力の結実ですよ！」

第 2 章

ペルーって、どんな国？

第1節　インカ帝国しか知らない

マゼラン、大航海時代、インカ帝国

地球儀をテーブルにおいて、あたかもスペースシャトルからそれを眺望するように世界の国々を観察すると、南アメリカ大陸がちょうど日本の反対側に位置することが一目瞭然に判別できる。南アメリカ大陸の太平洋側、かつてマゼランが苦戦して南大西洋を巡航し、到達した太平洋だが、その中央部のくびれた地帯がペルー共和国だ。南緯0 〜 18度、西経70 〜 80度あたりに陣取っている。

ペルーは、北はエクアドルとコロンビア、南はチリとボリビア、そして、東はブラジルに、5カ国と国境を共有している。この立地条件からみても過去に幾度となく大小さまざまな争いが生じたことだろうと窺える。

失業中、一緒にトレーニングした仲間に体育庁附設体育専門学校の学生で陸上競技コーチを目指しているアウグスト・マラガという22歳の青年がいた。彼はほぼ毎日私の往復2時間の通いに付き合ってくれた人だが、歩きながら私にペルーについていろいろと話してくれた。

「日本のみなさんがペルーと聞いて最初に思い起こすことは何？　おそらくインカ帝国というでしょう」

このように話し始めると、止まらなくなる。

「国の中央部を北から南へ細長く伸びるアンデス山脈のやや南よりにあるクスコという名の観光都市は世界的に有名です。かつてこのクスコを中心に広い範囲で住んでいたケチュア族が一帯の小部族との戦に勝ち、勢力を拡大して築き上げたのがインカ帝国だといわれています」

「それは有名だよね」

と私は相槌を打つも、わからない単語に躊躇する。

「その領土は10世紀中ごろに即位したと思われる初代皇帝マンコ・カパックから拡大が始まり、第13代皇帝アタワルパが没した1533年まで続いた。アタワルパは大航海時代の野心家の1人、"スペインからの侵略者"フ

ランシスコ・ピサロにだまされ、処刑されてしまった」

　私はわからない単語がどんどん出てきても、前後の話をつなぎ合わせて内容を想像するように聞き入る。そして、

「ペルーの歴史を少し読んだことがあるよ」

　と、返事をし、少しゆっくり話すように頼む。私たち協力隊員は派遣前訓練で任国事情という学習時間があり、そこで任国の歴史や国情などについて概要を調査し、自分の職種についてもその現状を調査して把握する。事前準備をしてからの派遣というわけだ。だから少々の知識は得ていた。

　インカ帝国は、現在のエクアドルの首都キトーからボリビア、チリ、アルゼンチンにまで及んでいたといわれている。

スペイン王国の植民地

　インカ帝国の不幸といえるかどうか疑問だが気になっていることがある。どの国、どの地域の興亡をみても明らかなように、インカにもスペイン王国の植民地となる前後に不幸の兆しが見え始めていたようだ。フランシスコ・ピサロたちが最初に侵入したツンベスやそこから東に山中深く入り込んだところに位置する、アンデスの古都カハマルカの人々が最初の犠牲になった。ヨーロッパから持ち込まれたさまざまな病原菌に感染して倒れ、女性たちは性的虐待を受けたという記録も残っているようだ。この時以来、混血者メスティーソが誕生する。先住民と白人の混血だ。白人には二通りある。スペイン本国で生まれた白人をペニンスラール。移民後ペルーで生まれた白人をクリオーヨという。

　アウグストは、自分は青い目だがメスティーソだという。母親と2人での生活だとも。そしてまた、ゆっくりと話し始める。

「先住民は当初、白人であるこの侵入者を〝世を改革するために天が遣わした白神〟ことビラコチャと思い込んだ。この大誤算がその後の悲劇を生み、帝国の崩壊へと進んでいく。この背景には、住民たちが当時、不安

48

で恐れていたことがあった。首都クスコにいる皇帝の長男ワスカル派とカハマルカの異母弟アタワルパ派が勢力争いをしていて、政治は民衆を規制で締め付け、農業や徴兵などで多大な犠牲を払わせていた。まさに民衆は救世主ビラコチャを待ち望んでいたタイミングだった」

「侵入者はアタワルパを罠にはめ、殺害し、カハマルカを占領する。そしてアンデス山脈に築かれたインカ道を一路南へと大侵入を開始する。伝令役人チャスキという飛脚はこの帝国の窮状をいち早く伝達すべく走る。だが、街道筋の民衆は勿論、宮殿の王侯、貴族もただ驚愕するのみで十分な応戦すらできず、帝都クスコを明け渡した」

「欲望の塊と化した偽ビラコチャたちは、クスコからさらに南へと進軍。同時に、この帝都にスペイン副王領を建設すべく計画を練り始めた」

アウグストの講釈を受けて、今度は私が話す。

「侵略後、スペイン人は先住民たちをインディオと呼んだ。コロンブスがカリブ海の島々を発見した時、そこがインドやアジアの島々だと間違ったためだ。だからインドの人、インディオとなった。それ以後修正することなく呼ばれ、北アメリカの先住の人たちもインディアンと呼ばれた」

コロンブスはカリブ方面に4回航海をするが、帰国した際にスペインの各地で凱旋パレードをしたようだ。その時、フランシスコ・ピサロはその雄姿を目の当たりにして、いずれ自分もと密かに企んでいたと伝わっている。スペイン人の侵略はアメリカ大陸における多元性の始まりで、先住民が単一性を失う歴史の始まりになってしまった。しかしながら、侵略者といえども人道主義の人格者であってほしかったと思う。

随所に奴隷貿易の傷跡

スペイン副王領は、帝国の主要な地域や立地条件がいいと思われる土地にスペイン風の街を建設する。その新天地に夢と野望を抱いたヨーロッパからの移民が殺到し、商業都市や農業地帯が造成されていく。その先

に、繁栄と同時に労働力不足を迎える。

　スペイン人やポルトガル人、それにイギリス人たちは15世紀に始まった大航海時代を通して、アフリカに黒い肌をした人間が住んでいることを知った。かれらは民族間で争った際、勝者は敗者から人質を捕る。それを見聞していたポルトガルなどの航海者や商人はその人質、さらにはそれ以外の者まで購入して自国に連れ帰ることを思いつく。この発想が人身売買、黒人奴隷の始まりとなったのかもしれない。この行為は勿論そのころに始まったわけではなく、国や地域を問わず、ローマ帝国など古い時代にまでさかのぼるのだろう。人間のいまだ進化できない動物的行為、恐ろしい本能といえるのかもしれない。

　白い人間は武力や経済力で黒い人間より勝ることを承知していた。そこで、奴隷商人から黒人を購入して、必要な地域に労働力として輸出する。自分たちに代わって働く奴隷とした。悲しい奴隷貿易だ。当時、スペインやポルトガルで身分が卑しいと見下されていた人や罪を犯して牢獄に入っていた人たちは、同じ白人から奴隷扱いをされていたので、異なる色の人間を奴隷にすることなど何の抵抗もなく当然のことと考えていたに違いない。

　16世紀に入ってから約3世紀にわたって南アメリカ大陸に輸送されたアフリカの人々は、1,200万人から1,500万人に及ぶといわれている。なんと膨大な数値だ。この時代にさまざまな混血が誕生する。白人と黒人の混血をムラトー、黒人と先住民の混血はサンボと呼ばれる。侵入者たちによって征服され、副王領となった帝国は本国からはペルーという名の植民地となる。ペルーとは首都となったリマに流れる川がピルーといわれていたところから命名されたと伝わる。

　時は流れ、産業が輸入され経済が潤ってくる。大地での農業振興、開拓に果てしない可能性が秘められているとの情報が内外に飛び交うと、新たなる開拓者、新たなる労働力としてアジアから苦力（クーリー）と呼ばれた中国人や日本人が移民して来た。日本人のペルーへの移住は1889年

（明治32年）で、790人が横浜港を佐倉丸で出港し、同年4月3日にカヤオ港に第一歩を記した、との記録が残っている。2019年には移住120周年を迎え、日系人はおよそ10万人に達した。日本からの移住者も苦渋を味わう人が多かったようだ。

　それ以前にヨーロッパ大陸からはスペイン人のみならず、ポルトガル人、イタリア人、トルコ人、フランス人、ドイツ人など多くの国々から移民して来た。白人である彼らは主権を持つスペイン人とは一段下に置かれていたものの、決して奴隷扱いはされなかった。これらの人々は、日本人移民が日系コロニアルを形成したように、それぞれの国のコロニアルを形成していく。私の教え子たちの中にも、ドイツ系、フランス系、スイス系、トルコ系などの家庭の子どもがおり、彼らは家庭では親や先祖の言語を話し、外ではスペイン語を話す。完全なバイリンガルだ。それに加えて英語を話す選手もいる。外国で生活する際このような場面は普通で、日本語しか通用しない日本国での生活は世界的にはイレギュラーという感じさえする。

第2節　軍事政権とゲリラ活動

ベラウンデ大統領の誕生

　私が着任した1980年当時のペルーの政治経済は、累積債務の増加、インフレーション、人口の都市集中化、人口増加、テロ激化、就職難による浮浪者の激増、など多くの深刻な問題を抱えていた。1980年7月28日の独立記念日。軍事政権が倒れ、民政に移管され、全国民から期待されて再登場したのがアクション・ポプラール党（人民行動党）のフェルナンド・ベラウンデ大統領だ。80年の地方選挙の際、全国146郡中103郡で勝利を収めての当選といわれたが、3年後には45郡の支持を得るに留まる。特に人口の多い都市部での戦いは全滅状態となったようだ。そして、リマ市長の椅子を統一左翼の推すアルフォンソ・バランテスが獲得したことは、首都における初めてのマルキスト市長の誕生として、内外の注目を浴びた。

あわよくば次期大統領の座を狙える位置まで登り詰めた、という印象すら与えたようだ。

しかし、実際には50％近くの有権者が選挙に有効に参加しなかったと分析されている。これは政治に対する無関心ないしは失望の広がりを示唆するものだ。日本の今日もそのような傾向はないだろうか。ベラウンデ大統領の5カ年の任期中の政治政策をもってしても国民の生活向上にはつながらず、低下した国民意識の中で完全に支持率を失ってしまった。経済問題の深刻化という事情が最も大きな要因だった。1983年度は12％のマイナス成長で、インフレも120％を超えるという典型的なスタグフレーションとなり、インフォーマル・セクターを含む不完全雇用者と完全失業者は全人口の約半数に達したという調査がある。完全雇用者の場合も、その実質賃金は16％に過ぎなかったようだ。

このような政治・経済状況の中、全国の労働組織が参加するゼネストが実施され、大成功を収める。生活水準の下落に対する国民の不満は、投票場や職場での行動となって表れる一方、組織を持たない人々は、政治への不信と失望を深め、投票場からの離反という現象を生んだ。その象徴ともいえる動態として、リマのバリアーダス（低所得層地域）の住民の多くが、自分たちの回りの自力更生に頼るだけでなく、政治的な手段にも訴えたことに現れている。リマ市長にマルキスト市長を誕生させる原動力となったのは彼らの票であることが知られている。統一左翼に対する支持は将来、リマのような大都市ばかりでなく、都市と農村のネットワークを通して、農村部にも拡大していく可能性を秘めていたのだ。

ベラウンデ政権の後半、アヤクチョ地方では軍部とゲリラとの間で陰惨な殺し合いが続いていた。ここでの特徴は、インディオ農民を双方が犠牲にしているという点だった。どちらに協力しても、あるいは、拒否しても、多くの村人が虐殺された。その復讐のために村の若者がゲリラに参加するという構図が生まれてしまった。その結果、インディオ農民の一部にゲリラ（セ

ンデロ・ルミノソ）が支持を広げた。このセンデロへの支持が統一左翼支持層に食い込んでいったのではないかと分析する者もいたという。

　このアヤクチョの悲劇は、むごたらしい姿で発見される死体だけではなく、それよりも多くの人々の"行方不明者"で、その数は数千に達すると思われ、大きな人権問題に発展した。

　このような状況の中で農村部の青少年たちはどのような生活を余儀なくされたのか、とてもスポーツを楽しむ余裕などなかった、との思いを巡らす。当時、1984年から非常事態地区総司令官だったアドリアン・ワマン・センテノ将軍の新聞インタビュー記事が注目された。「ゲリラ活動地域の根本的な問題は、アヤクチョ地方などがペルーの最貧地域だという事実にある。政府官僚の腐敗とリマに資源を集中する財政制度がこの貧困問題の解決を妨げている。ゲリラ問題の最終的な解決のためには総合的開発計画が必要である」との主張だ。驚くことに政府はこの諫言を受け止めることなく、彼を直ちに総司令官から解任した。ちなみにワマン（Huaman）という姓は先住民系の名前だ。

　ベラウンデ政権側はゲリラを抑えるため、軍部をけん制しつつ、ペルーが経済的苦境に立たされているにもかかわらず、軍事支出を軍政時代と同じかそれ以上の水準（国民総生産：GNPの6%）に保つ。信じられない数値であり、対応だった。さらに軍部の要請により近代兵器輸入による軍備の近代化を図り、累積債務問題が深刻化した後も、外国借款による武器購入を認め続けたのだ。結局、ベラウンデ政権は軍部に対する保身の政策が失敗し、1985年の選挙でアメリカ人民革命党に政権の座を明け渡すことになる。

民族主義のガルシア政権へ

　1985年に登場したのが若干36歳の青年政治家アラン・ガルシア・ペレスだ。ペルーの多くの国民がこの一青年にすべてを委ねるという気持ちが

選挙運動やマスコミによって全土に漂っていたのを肌で感じた。

　ガルシアの選挙戦での呼びかけは「民族主義的で民主的、そして人民による政府をつくろう」であり、就任後「民族主義」に重点をおいた政策をとった。ベラウンデ政権下での輸入自由化が国内産業を低下させ、極左テロと債務危機、異常気象による農業不振など、明るい材料はなく、民政の危機が叫ばれていることを認識して、まず、農業への投資増、人口の4割を占める農民の生活水準向上、国内需要の拡大、産業の活性化を実現しようと説いていた。この内容については国民から歓迎され、期待された。しかし、それを実現するための資金をどこから調達するかという難題が突きつけられた。

　この難題を打開すべくガルシアがとった対策は「向こう12カ月間の債務返済は輸出収入の10%以内に止める」だった。つまりペルー政府は今抱えている債務は返済不可能という意味のことを世界に宣言したことになったのだ。さらに「我々は劇的な選択を迫られている。債務をとるか、民主主義をとるか、の選択だ」という非国際的・利己的な主張だった。

　一方、ガルシア政権のテロ対策は、公約した農業振興の一環として、アヤクチョなど北方の地域開発を約束し、武力による鎮圧作戦と和平委員会による話し合いという硬軟両用の構えを示す。その結果、アヤクチョ地方でテロリストの活動はやや低下した。しかし、1986年に入って、首都リマなどで再びテロが続発、2月7日にリマとカヤオ地区に非常事態宣言が発令され、夜間外出禁止令が布告されるという緊迫した情勢となった。私たちも早めにトレーニングを切り上げ、外食をせず、食料を購入して帰宅した。遠方から参加する選手には自宅周辺での自主トレーニングを課した。

　ガルシア政権はほとんどの公約を実現することなく失墜した。過去からの積み重なる雪だるま式の経済状況の悪化は一人の英雄的政治家の出現で解決できるほど簡単な代物ではなかったようだ。インフレーションはついに世界最高の5000%、約200億ドルの対外累積債務、労働人口の80%以上

が失業または半失業、経済成長は過去2年連続の大幅マイナス、とどの数字を見ても国際通貨基金（IMF）の融資再開や日本など先進国からの金融支援を確保できない最悪の状況を残した。

　白人、白人系の人々は先住民や黒人など有色人種が無能で教育もなく、働く意欲もなく、その意義すらわかっていないのが原因でいつまでも発展が望めないとぼやく。一方、罵られた側は、一握りの白人系の人間だけが中心となったブレーンが国の政治・経済を操っていて、彼らは任期中に私腹を肥やすだけ肥やして、任期満了になるや、他国へ逃亡してしまう。国の状況が悪化しようと関知せず、反省もせず、全く無責任極まりない人種だ、と負けずに悪口をたたく。私は競技場で選手や彼らの親からこの両サイドの意見を何度も聞き胸が痛くなった。選手たちは、小学生であろうと、政治的な話題に入ってくる。自分の意見をしっかり述べる。年長の者はそれを最後まで聞く姿勢を持っており、私は感服した。

　このようなやりとりが過去延々と続いてきたのだろうか。それが原因の内戦が植民地時代はもちろん、独立してからも、顧みると500年近く断続的に繰り返されたのがペルー国のようだ。そういう意味では国体の基盤形成が十分に整えられないまま今日まで押し流されるように歴史を重ねてきたのかもしれない。それ故、国内に〝センデロ・ルミノソ〟などテロリストが絶えずうごめき、国民のナショナリズムもどんどん低下してしまっているのではないのだろうか。

隣国チリにフジモリ大統領

　隣のチリ共和国では、ピノチェット大統領の信任投票が実施された際、信任が1％で不信任組が完勝した。彼は1973年の軍部クーデターによって軍事政権を確立するが、1980年代に入って「チリの奇跡」と言われ評価された経済政策は低迷し、貧富の差が拡大して失敗する。そして独裁反対運動が激化して1988年の大統領選挙に敗れる。民主政党連合による新

しい人の手による政治に期待するときが到来したことを世に告げた出来事だった。

そのビッグニュースの直後、パラグアイでも軍事独裁政治に終止符を打った。終身大統領制を憲法にとりいれた独裁者、アルフレッド・ストロエスネルの排斥運動がおこり、1989年、35年にわたる独裁体制が崩壊した。

このように南アメリカ大陸の国々では21世紀を目前にして少しでも早い夜明けを迎えようとする胎動を感じ取れた。是非とも長いトンネルから抜け出して陽の当たる民主的な社会の形成にたどり着いてもらいたいと願った。その希望を象徴するかのような出来事がペルーでも起こった。有色人種、日系人のフジモリ大統領の誕生だ。

フジモリ氏は1989年6月に政治家への進出を公言する。私がタクナで最終報告書を作成していた頃で、そのニュースを新聞やテレビ放送で知った。ラ・モリーナ農科大学の学長という認識しかなかった私はそのビッグニュースに驚いた。ラ・モリーナ大学は協力隊同期隊員の高橋二朗さん（航海術）の配属先で、私も大学を見学して、ドン・ヒコと命名された漁船の進水式に参加したのでとても身近に感じていた。JICA専門家の町井氏はラ・モリーナ大学での技術協力が長く、フジモリ氏の仲人だと聞いていた。

その学者であるフジモリ氏がペルー国民の、特にアンデス地方の農業従事者、貧困層から絶大な支持を受けての登場は、いかにも、かつてスペイン人侵入者からこの広大な領土を奪われ、およそ500年かけてビラコチャ（白人）から先住民の手に取り戻すための旗手の出現のように映った。そしてその勝利はまさしく公正な手段で流血することなく成し遂げた。18世紀の植民地時代にスペインに対する反乱を指揮した解放運動家トゥパク・アマル2世（ホセ・ガブリエル・コンドルカンキ）はこれをどのように受け止めるだろうか。

再選を認めないペルーの大統領選挙法下にあって、フジモリ大統領の

任期は1990年7月から1995年7月に満了するが、ここから、その後を継ぐ者は46%という絶対的多数の人口をもつ先住民の中から代々出現してほしいと願ったものだ。

フジモリ大統領が1992年に日本を訪問し、熊本県での歓迎レセプションに参加するため故郷を訪れた際、私はペルーの協力隊仲間と共にレセプション主催者である熊本県に大統領表敬を申し込んだ。熊本県からは「とんでもない」との一言だったが、私は「大統領の側近の方に問い合わせてみてください」と粘り強くお願いした。熊本県からの返答はレセプション開催の前日になってようやく届き「大統領がお会いするそうです」ということで、私たちはレセプションに招待される立場になった。レセプションに出席した協力隊仲間は日本語教師で活動した真島國昭さんとラ・モリーナ大学水産学部で漁船の機関士として活動した渡辺栄三さんの2人だった。

フジモリ大統領の誕生は南米はもとより世界が注目する選挙戦であり、結果だった。私には何の根拠も見出せないが、ヨーロッパにおいてもこの頃大きな異変が発生していた。1つはソビエト連邦の崩壊。ゴルバチョフ大統領のペレストロイカによる民主化運動だ。1980年から始まり、1990年におお

左から渡辺、真島、綿谷、フジモリ大統領、ご子息

よそ成し遂げられるが、民主化運動は独立運動へと発展する。ソビエト連邦を構成していた多くの国々が1つまた1つと独立していった。驚いた。その改革と胎動を受けてだろうか、東西ドイツではベルリンの壁が破壊された。それが1989年11月9日だ。その翌年にフジモリ大統領が就任する。これら一連の衝撃的な出来事で、1980年代は世界の激動の時代だったように思う。ちょうどその10年間私はペルーを拠点に活動していた。ペルー国内や南米の混乱のさなか、世界の変化をも肌で感じ眺望できたことは、祖国日本のことを改めて多角的に考える時間と機会を得たと思った。

呪われた首都リマ

スペイン人がインカ帝国を植民地化して最初に建設した都市がトルヒーヨだ。トルヒーヨという名は侵略者ピサロの故郷の名前だそうだ。ここを首都にと考えての建設だったようだが、港湾と国の中央という立地条件を検討して、トルヒーヨではなく、2つ目の都市リマ（リマック）が候補地になった。

ペルー共和国の政治・経済、そして無秩序社会など全体的に足かせとなっているのが首都リマの存在かもしれない。まず、その立地条件だが、降雨がなく砂塵とほこりですすけ果てた街並み、ビル街、陰鬱な目抜き通り、暗雲立ち込める空の下「汚職」「窃盗」「暴力」「嘘」「麻薬」「殺人」「テロリスト」「人身売買」など「悪」の温床となっているように感じる。市民が気持ちよく、楽しく、生甲斐を感じて生活できるのか。"リマックの呪い"と私は呼ぶ。

これらの悪は大統領府パラシオで、旧市街のセントロ（中央地区）で、正方形のプラサ・デ・アルマス（武器の広場）で起きる。ある時はコスタ・ベルデ（緑の海岸）に近い高級繁華街ミラフローレスのアベニダ・ラルコの銀行で。このあたりはリマ最大の新興繁華街だ。またある時は、庶民的なラ・ビクトリア地区のアベニダ・ベインティオーチョデフーリオ（7月28日通り：独立記念日）の片隅で、といった具合に日常茶飯事に大小さまざまな事件

が発生する。

　私も随分と被害に遭い、悩まされた。最大の被害は、車のタイヤ4本を盗まれたことだ。食堂で昼食を終え運転席に乗り込み、エンジンをかけギアを入れたが発進しない。何度か試みても進まない。ようやく何かおかしいと思い外に出て車の様子を見渡すと、タイヤが4本丸ごとない。タイヤの代わりにレンガで車体が支えられていた。気が付かないものだと感心しつつ、やられたと苦虫をかみつぶす。仕方なく翌日、通称"泥棒市場"という初めて足を踏み入れる地域の路上市場に行ってタイヤを購入した。それがまた憎らしい。購入したタイヤはそっくり4本自分のタイヤだった。

　またある時は、協力隊の連絡所（宿舎）で、その背後の銀行が早朝に爆破された。「ドカーン」という轟音で、地震かと飛び起き、窓から周囲を見渡すと、黒煙が立ち上っている。野次馬のガヤガヤ話し声も聞こえてくる。危険と恐怖でそのままベッドに潜り込んでいたこともある。

　9世紀以降建設された黄金の都市クスコはアンデスの一盆地に築かれ、豊富な水をたたえたウルバンバ川、肥沃な平原と森林、天からは恵みの雨と太陽の光を十分に浴びながら繁栄した。この自然の摂理に従って建設された都市インカ、タワンティンスーユは4大インカ道とともに、多くの地方とつながる都市も建設した。ハウハ、カハマルカ、プーノといった都市がそれにあたる。今日でもクスコ同様、大自然の中で何ら違和感なく佇み、簡素ながらも市民に安心できる悠久の生活を提供している。その安心度は、政治や経済の悪影響がなければ、より高い数値を示すだろう、と地方の先生方が熱心に話してくれた。

　インカの民は少なくとも彼らが拡張し、築き上げた領土の中で、どのような条件の土地、地域が生活に適しているかを、過去の長い歴史の過程で知り尽くしているのだろう。彼らが単に人間としてだけではなく、一生物として生きるための感覚から生み出された、大自然の法則の中から生み出された結論だったと思える。

クスコ地方のマルカパタという村に住み、リマから幾度となく通って農学と民俗学の調査・研究をしてこられた山本紀夫先生の著書『インカの末裔たち』を引用させて頂くと、「ケチュア族インディオは今もなおインカ以来の伝統を実によく残した暮らしをしている。確かに経済的には貧しいかもしれないが、文化的には貧しいどころか、きわめて豊かな社会だ。そこで暮らすインディオは都市部の人間が考えているような怠け者ではむろんなく、じつによく働き、助け合い、そして実りを与えてくれる大地に感謝の気持ちを忘れない人々です。また、彼らの素顔は物静かで控えめな人々でもあった」と表現している。

圧倒的に少ないスポーツ人口

その彼らが村を出て都市部へ流出する。クスコならまだ独自の生活様式を保てるが、首都リマに出ると生活は一変し苦しくなる。本来、スペイン人が建設したリマでアンデスの人々が生活するのは畑違いなのだ。しかしそこは自分たちの国土の首都でもある。そして経済や財産は主にリマに集中し動いている。インディオにとって現金収入はほとんどない。従って、彼らはリマに来ても、郊外のスラムに寝床を探す。といっても家などない。砂漠の中に夜露をしのげる程度のむしろで四方を囲み、むしろや板で天井を覆っただけの、掘っ立て小屋ともいえない、粗末な寝床を確保するのが精一杯なのだ。やがて日雇い労働などで現金収入を得ると、むしろがレンガに、天井はトタンが敷かれ屋根となる。

このような生活を余儀なくされながらも彼らはリマの生活を選ぶ。電気やテレビもある。病院もある。女性はお手伝いさん、男性はレストランのボーイやアパートのガードマンといった仕事があり、現金を稼げる。村では、朝早くから暗くなるまで働いても自給自足がやっとである。収穫が多くてもそれを売るところがない。病気になっても病院がない。病院があっても支払う現金がない。

　生活環境が良くても経済には勝てないという現実社会が重くのしかかっている。商業手段である物々交換すらテロの山岳地帯での拡大に伴い減少し、伝統的な相互扶助形態まで崩壊しつつある。そしてまた市場経済の影響によって、インカ以来の伝統を持つ共同体のまとまりも消えようとしているという。このことを山本先生は一番嘆いているのではないだろうか。ちなみに、山本先生は私が住んでいたアパートの別の階に住んでおられた。

　このようなアンデス地方の状況で青少年がスポーツを楽しむ、スポーツに打ち込むという生活はほとんど無縁で、ごく限られた人にしかチャンスはない。スポーツを観て楽しむ人は多くても、する人は非常に少ないのが現状なのだ。どのスポーツも選手層が薄く、それゆえ競技力が向上しないといえる。このようなスポーツ環境でオリンピックを目指す、サッカーでワールドカップに出場するという目標は限りなく不可能に近い。にもかかわらず、女子バレーボールは立派に世界で戦えるチームを育成し、維持している。この現実には驚かされるし、称賛に値する。言うまでもなく加藤明さんの努力と加藤さんを支援した人々がいかに献身的に労力を注いできたかがわかる。

　スポーツイベントとしてオリンピック、ワールドカップ、世界選手権、などさまざまな世界的なイベントが開催されるが、それに参加する国々は千差万別で、政治、経済、インフラ、教育などにおいての格差がみられる。つまり、同じ土俵で競技することは土台無理な話なのだ。そしてメダルの数を競ってランク付けすることは意味がない。イベントの実施方法や参加の意義を再度考察して人として進化、成熟したイベントづくりを期待したい。

オアシスの街

　首都リマから一歩外に出ると北も南も砂漠の海岸が延々と続く。初めて郊外へ旅行した時そのことに気づいた。旅行本を読んで知ってはいたが、実際に観たのは初めてだった。リマもオアシスの街なのだと再認識した。ふと自分の後ろには緑の木々があるのでは、とつい振り向いて確認す

る自分がいて滑稽<ruby>滑稽<rt>こっけい</rt></ruby>だった。

　殺風景な茶褐色、薄いベージュ色の大小さまざまな砂丘を縫って走るパンアメリカンハイウエイはアメリカ合衆国が経済無償援助で敷設した。援助を受けたペルーは使用するばかりでその管理能力も補修する経済力も不足しているようだ。交通量の増加、強い太陽熱、寒暖の差、風などの厳しい自然条件によって風化された悪路はさらに路肩が崩れ、穴が開き、主要都市間の往来を困難にしている。

　このハイウエイは北アメリカの最北端アラスカを発して、カナダ、北米、中米、そして南米をダイナミックに縦断し、目前に南極大陸の氷河を臨む南米大陸の最先端、チリとアルゼンチンの国境の町、プンタ・デ・アレナまで続く。全長約8,000kmに及ぶ超長距離コースだ。管理の行き届いた素敵な道路との評判があるものの、エクアドルの最南端の街エル・オロの国境の橋（この橋は歩いてしか渡れない）を越えてペルーの最北端の街ツンベスに足を踏み入れると道路の状態が一変する。その悪路たるはペルーの最南端の街タクナまで至り、検問を通過して隣国チリのアリカに入ると再び素敵な快適なバス旅行ができる道路となる。どうしていつもペルーだけが悪い状態なのだろう。寂しくなる。

　エクアドルのグァヤキル市で南米国際講習会があり、講師として赴いた折、休日にエル・オロの国境の橋を渡って、ペルーのツンベスに行ったことがある。もちろん検問を通るのだが、警備は厳重で、自動小銃を両腕でがっちりと抱えた警備員がにらみを利かせていた。

　ペルー人やペルーを旅行する外国人はペルー国内の太平洋沿岸と並行して走る約2,600kmの道路を激しく揺り動かされ、悪臭と窮屈さを覚悟してバスに乗り込む。もっとも、ペルー人で他国の事情を知らない者はこの道路こそ立派な誇れる道路、移動手段だと思っている。こんなに広く、一応舗装してある道路はアンデスにはないからだ。アンデスにはインカ道という立派な道路はあるが道幅は狭く、車が通れる区間は限られている。海岸線から

アンデス山脈方面、つまり東方へ幾筋かの道が入り込む。極めて悪路で、紆余曲折した落差のある道は頗る危険で事故が多発している。土曜日夜9時からの放送「ノティシア・デ・セマナ」（週末ニュース）に必ず数件のバス事故の報道がある。バス旅行者にとって、決して大袈裟ではなく、命がけの旅となる。バスターミナルなどで見受ける強い抱擁や頬キスでの見送り、別れや再会風景の中に、家族や恋人たちが真に相手の旅行中の安全を願う、気遣う心を垣間みる。

ペルーが日本に勝った日／
マエストロ（偉大な指導者）が遺したもの

　1982年9月、女子バレーボール世界選手権大会がペルーで開催された。同年3月20日に逝去された加藤明さんが中心となって誘致した大会だ。この大会の決勝リーグで、ペルーチームは結成以来初めて日本チームを下した。加藤さんが伝授して以来15年を経ての快挙である。ペルーチームを率いたのは、加藤さんの跡を引き継いだ韓国人コーチの朴萬福さんだった。

　朴さんは、日紡貝塚の大松博文監督の門を叩いた人だ。技術と精神を学びに来日した。そしてペルーとご縁があり、ジュニアのコーチとなり、加藤さんの退任によりナショナルチームの監督に就任した。私は数回お宅に招かれ、食事をしながら歩んでこられた物語を聞かせて頂いた。そしてソウルオリンピックでは、ペルー選手団の一員として一緒に参加するという栄誉に預かった。大会の後援スポンサーであるアシックスから、専属の通訳としてオファーが提示されたのだ。

　最初の業務は大会前のコングレス（世界バレーボール連盟役員

朴監督とソウルオリンピック選手村にて

会）。日本バレーボール協会会長の前田豊氏が副会長を務めていた。バレーボール界の主要言語はフランス語なので、コングレスはフランス語で進められ、開催国がペルーということでコングレス通訳はスペイン語で行われた。また、宿泊先からコングレス会場や大会会場への移動の際も、陰ながら同行して、必要な時に通訳をした。同行者には松平康隆専務理事、小島孝二監督、日立の山田重雄監督もおられた。

　予選リーグを難なく勝ち抜いた日本チームはリマに戻り、いよいよ決勝トーナメント。ソ連、中国、日本が順調に勝ち上がり、ペルーも観衆の応援を受けてベスト4に勝ち残った。そして、準決勝で日本と対戦し、一進一退の攻防の末ペルーに軍配が上がったのである。幸運にも前田豊会長の通訳として隣の補助席で観戦していた私は、ペルーが日本に勝った、その瞬間を会場の来賓席で観た。

　このゲームは観たというより、戦いを「肌で感じた」と表現した方が適切だ。半年前に逝去された加藤さんも、主催者側から特別招待を受けて来秘（ペルー）した典子夫人の胸に抱かれた「遺影」となって、その勝利を見届けた。

　ペルーが日本に勝った瞬間、5万人の大観衆の怒涛のごとくどよめきの中、紙吹雪で視界を遮られながらも私は、加藤さんのやや照れ隠しぎみの微笑んだ顔、黒縁の額の中の遺影を覗き込んだ。息が詰まり、涙がとめどもなく流れるのを止めることができなかった。来賓席で観戦していた前田豊会長や松平康隆専務理事も唖然とした状態で、勝負の後の情景が言葉にならず戸惑っているように見受けられた。日本チームの小島孝二監督にいたっては、狐にだまされたようにベンチに座ったまま身動きさえしていない。

　私の涙が意味するものは、ペルーチームが日本に初勝利を挙げるまでの15年という加藤さんの「足跡」が私の心に突き刺さったこと。もう

1つは、この時のペルーの勝ち方が加藤さんの執念が呼び込んだように感じたからだ。否応なく当時を思い出させた。

第3章

陸上競技の普及

第1節　全国11カ所を巡回

トルヒーヨへの片道切符

「君を雇った覚えはない」

　私を失業に追い込んだバジェン会長との関係は、FPAコーチに着任した1980年10月6日を境に友好的に変化した。そして、指示された業務の第1号が「地方巡回指導」だった。といっても具体的な計画を示すわけではなく「アキラが企画して活動を展開してほしい」と。そして、行き先を告げられた。「まず、最初にトルヒーヨに行ってくれ」と。

　これから2年弱、どのような協力活動ができるのか、不安はあるものの気持ちは高揚した。私自身、協力隊活動は陸上競技の普及と地方の振興およびタレント発掘だと考えていたので、「地方巡回指導」の指示を喜んで全面的に受け入れた。ただ、計画を実施するにあたり問題もあった。予算だ。私が立案する企画に対して100%予算化が可能なのか・・・。

　結局、FPAは企画全休の予算化は難しいため、一つひとつの巡回指導に対してその都度予算化することになり、私はJICAペルー事務所にその内容を説明して活動を開始した。私が企画した地方巡回指導は、1年半で全国11カ所を巡回、体育教師や陸上コーチへの指導と選手への技術指導をするというもの。そして全国大会参加のためのチームづくりに協力する、という目標を掲げた。

　11月に入り、FPAの秘書がバスチケットを手配、片道切符を私に手渡した。リマ発トルヒーヨ行の夜行バスだ。帰りはどうなるのだろう、と少し不安に。秘書は帰りのチケットと滞在費は先方が手配すると言う。だが今までのことがあり半信半疑に。このFPAや会長は何を考えているのかわからない。私がスペイン語で十分なコミュニケーションをとれないためなのか、いつも全体像が見えず、目の前も頭もかすんだ状態。ともあれトルヒーヨ目指して座席に着いた。所要時間は10時間とのこと。

　長距離バスはリマを抜けると乾燥した土肌があらわになった地区を走

り、ついに砂漠の中を縫うように進んで行く。砂漠に入ると家屋は一軒もなく、あたりは真っ暗。まるで今の自分の姿を映し出しているようだった。バスのライトだけが前方の道を照らす。対向車もほとんどない。日本では考えられない、暗黒の中を走る。2時間程走ると橙色の点々が見えてきた。その点が徐々に大きく、複数になって、1つの村を通過する。そしてまた漆黒の中に突入する。途中一度だけトイレ休憩。やや大きめの小屋で、男女のトイレがあった。衛生状態から使用したくない気分になる。深夜にもかかわらず子どもたちが親と一緒に声を張り上げて補食を売る。「タルマ（ちまき）」「プラタノ（バナナ）」「マニー（ピーナッツ）」と連呼。裸電球が少なく薄暗く人の顔がはっきりしない。15分休憩してバスは発進。運転手の「スベ！（乗って）」「バモス（行くよ）」という掛け声で乗車する。ここで必要なのが自分の持ち物を確認することだ。盗難、置き引きに要注意だ。自分の手から離れたものは誰の物でもない。置き去りになっているから拾った、ということになる。

　トルヒーヨのバス停には早朝6時に到着。リクライニングなどない座席は固く、背中、腰、臀部が痛み、ガタガタの身体に変形して下車。待合室には大勢の人が乗客を迎えに来ている。ほっと安堵した顔で抱擁する姿は微笑ましい。バス旅行に慣れていない私は"いい光景だな"と暫し傍観。1人、また1人と乗客が迎えの人と去っていく中とうとう私一人が取り残された。

　「え！どういうこと？」

　予感的中。どこを見渡しても私を迎える人はいない。1時間たっても、2時間待っても誰も来ない。理由など考えてもわからない。連絡ミスなのか、何もわからないうちに日が高くなってきた。腹が減ってやや苛立ち、ぼんやりしている時、1人の警察官がやって来た。

　「プロフェソール・アキラ？（アキラ先生）」

　と低い声で私の顔を覗き込む。「ああ、ようやく迎えが来た」と安堵。彼は遅れたことを何とも思っていないらしく、出勤が8時半なので今来たとの

弁。なるほど、私の到着時間など関係なく、仕事上の時間帯で動くのだ、と変に納得。それでもその言動を許せたのは、

「先生、朝食を食べに行きましょう」

という声かけだった。お、少しは相手の状況を考えて行動できるのだ、と見直す。彼は40歳程で、警察官の位でサルヘント（軍曹）という。痩身の長身で、トルヒーヨ・リガの庶務だと自己紹介した。

お昼のニュース番組に出演

トルヒーヨはペルー第3の都市。リマから560kmの距離で飛行機かバスで旅行できる。地名はかの侵入者の1人、ディエゴ・デ・アルマグロが仲間であるフランシスコ・ピサロの故郷の名前を命名した。1534年、侵略後早々に新大陸における最初のスペインを建設したのだ。

この地はプレ・インカ時代に大都市が築かれ、モチェ文化が栄えた地域だ。要塞の"太陽のワカ"、宗教的な儀式が行われた"月のワカ"など建築技術の高さが目を見張る。その後、1100年頃から、インカに征服されるまで繋栄したチムー王国時代はチャンチャンという都市が建設され現在も

今も残るコロニアル風建築物

チャンチャン遺跡

保存されている遺跡がある。

　翌日から選手を対象としたトレーニングと指導者を対象とした講習会を開始した。内容はトルヒーヨ・リガ・コーチのソトマジョール先生とマルゴット先生の3人で協議した。両者ともこの地域の短距離の元チャンピオンで、選手たちから絶大の信頼を寄せられている。気さくで明るい人物だ。

　その夜、競技場での開会式に集まった選手や指導者から私は大歓迎を受けた。トルヒーヨチームも10月5日のリマでの選抜大会に参加して、翌日の新聞記事、ロナルドが発言した記事を読んでいたのだ。今や私はペルー記録保持者ロナルドのコーチという立場になっていた。トルヒーヨの選手たちにとって憧れのコーチで、ソトマジョール先生たちにとっても一緒に学びたい、交流したいと思えるコーチにランクされていたようだ。メディアの怖さとありがたさを同時に感じた瞬間だった。協力隊のスポーツ隊員はこのような体験を

必ずするのだろう。

　翌日、テレビで日本人コーチを紹介することになったとリガのホセ・セラダ・ベラ会長から告げられ、一緒に出演することになった。カナル・トルヒーヨという放送局で「お昼のニュース」番組に15分ばかり出演とのこと。通訳に日系協会で日本語を教えている田中両蔵さんという方を探し出してきてくれた。田中さんは熊本県出身の移民1世で、20歳の頃に移民して現在66歳とのこと。トルヒーヨで長く飲食店を経営していて、休日には子どもたちに

田中さんの日本語クラスとご自宅でのツーショット

日本語や日本の歌謡曲を教えている人と紹介された。

　本番がスタートし、会長が挨拶。会長はトルヒーヨ警察署の所長で、FPAのバジェン会長の後任署長だそうで、バジェン会長の古巣であるトルヒーヨを最初の巡回地とした理由がわかった。次に私の自己紹介になった。私は日本語で自己紹介をするところをスペイン語でしてしまい、通訳の田中さんが私を日本語で紹介したのだ。間をおいて、大失態に気づく。思わず田中さんと私は顔を見合わせた。瞬間フロアーに沈黙が漂い、アナウンサーが慌てて「日本人コーチのセニョール・アキラワタヤを紹介しました」とカメラに向かって挨拶、幕を下ろした。

　後日談になるが、この放送を視聴していた選手や親たちから、とても面白かった、と拍手喝さいを浴び、田中さんは一躍有名人に。日本語教室への入会者が増えた。私も何度か参加させて頂き、生徒さんたちと一緒に日本の童謡を合唱した。

　なお、田中さんは同じ熊本県出身の藤森直一氏と同じ船でペルーに移住したとお聞きした。1990年に大統領となるアルベルト・フジモリ氏のお父さんだ。

手足の長い少女テレサ

　1980年11月14日、トルヒーヨでの講習初日、私がランニングフォームの脚部の動作を指導しているとき、手足の長い少女がいた。

　「この少女はトレーニング次第で楽しみな成長をするのでは」と直感した。聞くと、155cm、40kgという。170cmの私より長い手足だった。まだ成長過程なのだろうが、顔が小さく、いわゆる八頭身の体躯だ。ランニング技術を覚え、筋力がついてくれば綺麗なフォームで走るだろう、と一人想像した。

　彼女の選手としての経験は1年程で、記録は100m15秒0、200m32秒、400m1分16秒と教えてくれた。日本の中学3年生に当たるが、記録的には足元にも及ばない。といっても日本と比較する必要はないのだが。こ

こトルヒーヨにおいてはトップクラスの選手という。私の任務は普及と技術指導、そして同時に地方選抜選手コーチを拝命していたので、今回の地方巡回指導で数名の地方の選手を選抜して育成することを考えていた。その路線での第1号選手として選抜してもいいのでは、という人材だった。名前はテレサ・ガノサ。彼女を指導しているマルゴット先生に相談すると、

　「是非そうしてほしい。トルヒーヨからペルーを代表する選手を育ててほしい」「テレサは忍耐力があるよ」

　マルゴット先生から推薦を受けたので、

　「それじゃ、本人と保護者に伝えてみます。その時は先生も同伴してください」

　本人への報告は講習会終了後とした。講習に身が入らないと困るのと、他の選手たちの反応も気になった。

　12月4日、約1カ月の講習会兼トレーニングが終了したとき、セラダ会長からリマでのペルー選手権大会への引率と選手選考を依頼された。講習会やトレーニング時の記録会の内容を考慮して男女20人の選手をソトマジョール先生やマルゴット先生と一緒に選考した。編成された選手団は市

選手団の市長表敬

朝7時、リマに到着した選手たち

長表敬などをすませ、12月5日にバスで一路リマへ。保護者も何人か引率した。

　競技ではリマやアレキーパの選手たちになかなか太刀打ちできない。長距離走はアンデス地方のワンカーヨの選手に歯が立たない。それでもみんな自己記録を更新するなど健闘し、その中で唯一テレサが400mで2位に食い込んだ。優勝者はジュニアクラス（19歳以下）のコニー・バスルコ選手（アレキーパ）でテレサはまだ15歳以下の部。上出来だ。選手団の盛り上がりは大変で、会長や2人の先生方も大喜び。講習会やトレーニングを実施して良かったと私は握手攻めにあった。しかも、選手たちは大会当日の朝7時にリマに到着して午後1時からの大会参加だった。遠方の地方リガから参加した選手はみな同じような条件の下で戦ったのだろう。前泊する経済的余裕はどのチームにもないのがペルーの現状だ。

　この大会引率を最後に私はトルヒーヨの巡回指導を完了した。ところが北部地区（リベルタ州）選手権大会が12月27日と28日にトルヒーヨで開催されるので引き続きトルヒーヨに戻って選手指導と大会運営の援助を依頼された。しかし、南部地区のアレキーパやタクナのリガから早い段階で巡回し

てほしいとの要請がFPAに入っていたため、まず南部へ行って、その後、北部地区大会の準備に間に合うように到着すると約束して別れた。

有望選手が集うアレキーパ

リマに残った私はバジェンFPA会長と協議して、「第一期地方巡回指導計画」を立てた。

私たちは既に申し込みのある南部地区リガを優先して、それらが完了した後、他の地域リガと協議して順次決定していくことにした。南部地区のアレキーパとタクナには、先日のペルー選手権大会において上位の成績をあげた選手が多くいた。

12月16日、飛行機でアレキーパへ。空港には少し遅れて8時に到着。快晴で周辺の山脈の頂きが陽光に照らされてまぶしい。その中でひときわ目を引いたのがミスティ山だ。容姿がまるで富士山そのもの。冠雪の状態までそっくり。この山とめぐり逢えただけでアレキーパではいいことがありそうだ、とワクワクした。

JICA専門家の畑さんの案内でメルガール陸上競技場と私設のインターナショナル・クラブを見学。陸上競技場はトルヒーヨと同じく管理が悪く、サッカーはできても陸上競技大会は難しい状態だった。シンダートラックでで

ロドリゲス・バジョン・アレキーパ空港(左)と遠方にそびえるミスティ山(右)

こぼこが多く、ケガが心配になる。だがこれは日本と比較しての判断かもしれない。

　翌日9時半頃、ボルハ会長が畑さん宅に宿泊していた私を訪ねて来た。改めて陸上競技場を視察して備品・用具等を点検、講習会についての打ち合わせをした。講習会の日程は後日FPAに連絡することになった。

　アレキーパには有望選手が数人いた。400m優勝者コニー・バスルコ、1500m優勝者アナ・マリア・スーニガ、まだ14歳で短距離選手のエリザベス・フリエズリッチ、中距離選手のカルロ・ウガルテ、そして短距離選手のペドロ・カンセコたちだ。

　選手たちは「1月から始めてほしい」「3カ月間指導してほしい」など

石畳の道路

アレキーパ独特の白い石壁

積極的な意見を出した。どのような結論にまとまるのか興味津々で、同席して頂いた畑さんと共に丁寧に挨拶をして席を立った。

リマから約1,030km離れたアレキーパというペルー第2の都市に、私は大きな関心を抱いていた。確かにクスコがインカ帝国の首都だが、現在は経済的な発展、文化教育の振興、そして人口などを考えると、アレキーパこそがクスコに代わる帝国の首都で、石で敷き詰められた道路、インカの技術などその名残が多い。

リマはスペイン人侵略者が副王領として建設した街、インカの面影がない街と感じる。もちろんアレキーパも1540年以降スペイン風に建設されたのだが、標高2,335mに位置し、周辺にはミスティ山（5,822m）やチャチャニ山（6,075m）といった山頂に雪を頂く神秘的な雄山は今でもインカの民と土地を守り続けているようにさえ感じる。前述したが、特にミスティ山は富士山を想わせる容姿で安らぎをもたらし、日本人なら誰でも故郷を懐かしむのではないだろうか。

テレサが大会最優秀選手に

アレキーパからタクナ訪問の予定を変更して、一旦リマに帰り、休む間もなくトルヒーヨへ旅立った。以前の約束で、北部地区大会を応援するためだ。ところが大会当日、クリスマス後でしかも年度末ということもあってか、参加を辞退するチームが相次ぎ、大会役員である体育の先生方も忙しくて協力できず、寂しい大会になった。

12月28日大会終了後、80年度行事終了の式典と懇親会がリガ主催で設けられた。リガの役員、選手や保護者が集い、みなさん明るい表情で、北部大会の低迷を憂う者など1人もいない。式典は会長挨拶から始まり、大会の年間の最優秀選手の表彰に移り、テレサが選ばれた。ペルー選手権大会の2位が評価されたようだ。最優秀コーチには男子がソトマジョール先生、女子がマルゴット先生で当然の選出といえた。私も感謝状とねぎらい

閉会式でのリガの役員と私への感謝状

のお言葉を頂いた。

　懇親会は和やかな雰囲気で、マルゴット先生は教え子とマリネラを、ソトマジョール先生はサルサを披露した。お2人ともさすが体育教師とうならせるほどの身のこなしで、感動し、魅入った。私も誘われてサルサを踊る羽目になったが、全く様にならない。

　「アキラは体育教師か？」

　「ハードルや走幅跳のリズムは最高だが踊りのリズム感が悪く曲に乗ってないね」と散々だ。講習会とは違い、くつろいだ楽しいひとときだ。

　マリネラとはペルーの国民的伝統舞踏で、とても優雅な踊りだ。無形文化遺産に指定されていて、ブラジルのサンバ、アルゼンチンのタンゴと共に南米3大ダンスの1つだ。男女ペアのダンスで、男女とも白いハンカチを右手に持ち、6/8拍子のリズムで対面し交差しながら、あるいは肩を接しながら踊る。速い足の動きが注目される。ここトルヒーヨではマリネラ・ノルテーニャ（北部マリネラ）といわれている。ただ、マリネラを鑑賞するとなぜか私は悲哀を感じる。踊りの内容にペルーの歴史が詰まっており、インカの民の歩みが刻み込まれているような気がするのだ。

マリネラを教えるマルゴット先生（左）と生徒

ブラスバンド演奏でマリネラを踊る

第2節　コーチ指導の本格化

テレサの専属コーチとなる

　この懇親会のようなホームパーティーは多くの家庭で頻繁に行われるらしい。経済状況が最悪のペルーにおける市民の息抜き、楽しみの1つなのだろう。そしてスポーツも、する人、応援する人、観る人たちの楽しみな "ひ

ととき" だという。このような時を共有できるのも協力隊員ならではだ。

　懇親会も終わり、いよいよテレサと母親に地方選抜選手について説明しなければならない。マルゴット先生がお母さんにお声掛けしてくれ、2人を誘い、4人で喫茶店へ行き、早速切り出した。

　「セニョーラ。テレサを地方選抜チームの選手としてFPAに推薦し、私とトレーニングをしてほしいのですが、いかがでしょうか」

　拙いスペイン語で説明する。マルゴット先生が補足して、

　「いいチャンスだからお受けして、トルヒーヨ代表として頑張ってほしい」

　ご自身はトルヒーヨのスプリンターとして全国大会でも頑張ったが、トップ選手には届かなかった。

　トルヒーヨの誰かがペルーを代表する選手に育ってほしい、その努力と成長をみて多くのトルヒーヨの子どもたちが目標を持った生き方をしてほしい、とも付け加えた。テレサは母親の顔を窺いながら、

　「マミー。私はやってみたい。ついていけるかどうかわからないけど、頑張ってみたい」

　か細い声で応えた。小さな顔にやや大きめの鼻と口、濃い眉毛と長い睫毛の輝く目から彼女の強い意思を感じた。母親は、

　「まだ15歳だし、体力もない。つとまらないと思う。もうすこし後ではだめでしょうか」

　不安いっぱいの表情で、なかなか同意には至らない。

　それもそのはず、私の説明の中に、12月30日から3月末まですべての夏休みをトレーニングに充てる計画、というのがあった。母親にすれば15歳の娘が親元を離れ3カ月もペルー国中を私と巡回しながらトレーニングするということがどういうことか不安ばかりで想像できないのだろう。もし仮にできたとしても、とても送り出せない心境のはずだ。私自身もトルヒーヨが最初の巡回地で、テレサが選抜第1号。今後、どのような展開になるか全くわからない。ただ地方巡回指導は任務として推進しなければならないが、具体的な計画

はなく、漠然と私の頭の中に描かれているだけだった。どの地方で何人の選手を選抜して、どのようなトレーニングをするのか、だれも知らない、雲をつかむような話をしている。

また、お母さんの言う、もう少し後に、という気持ちは十分納得できる。しかしその頃、私はもういないだろう。誠に勝手ながら、協力隊の任期が終了してしまう。

「お母さん、いまから実行したいのです。いかがでしょうか」

と念を押した。すると、

「私たちにとってとても名誉なことです。娘を預けますのでよろしくお願いします」

そう言って、涙ぐんだ。

翌日12月30日に私とテレサはトルヒーヨ空港からリマへ旅立った。見送ってくれた母親、マルゴット先生、それに友達に涙があった。テレサは飛行機が初めてで、耳をふさいでうつむいたまま。泣き声を必死に抑えているが涙は頬を伝っていた。その丸くなった背中を見て責任の重大さをひしひしと感じた。3カ月で成長した娘をお返ししなくてはいけないと。

日系社会が誇るラ・ウニオン競技場

1980年12月30日にテレサを伴いリマに戻り、1月からの南部地方巡回を計画した。内容は依頼のあった順にタクナ、アレキーパとした。私とテレサは束の間の年末年始をリマで過ごした。テレサにとって正しく異文化を味わう日々となった。

12月31日。リマで初めての大晦日。トルヒーヨでのクリスマスも夏の風物で、私の脳裏には明らかに冬、雪のクリスマスや大晦日がインプットされている。異文化と違和感を楽しみながらクリスマスパーティーに参加し、夜中にチョコレートを飲んだのが不思議だ。

この日、ペンション光増のおばさんと親交のある白井ファミリーから夕食に

招待された。勿論テレサも一緒。彼女にとって初めて見る日本人の家庭。そこでの日本語による会話、しぐさ、調度品など見るもの聞くものすべて初めての体験だ。一家庭という非常に小さい日本社会に身をおいた。白井夫人が用意してくれた日本料理、おせち料理を囲み、紅白歌合戦を観ながらのひとときは驚きの連続だったのではないだろうか。

　数日の日系ラ・ウニオン競技場でのトレーニングは有意義だった。競技場の環境の良さの産物か、テレサのフォームは一段と磨かれ、無駄の動きのないスムーズな重心移動ができるようになっていた。私が説明する内容ののみ込みも良く、脚部の着地にブレーキがかからなくなってきていた。

　競技者にとって、ある時期興味をそそる、意欲をかき立ててくれるような刺激、例えば立派な施設などと接することが必要な時があるようだ。リマ市郊外に位置するこの競技場は総合運動公園内にあり、隣には野球場、テニスコート、プール、サッカー場、などが完備され管理棟や食堂が立ち並ぶ。日系社会の並々ならぬ努力と献身を感じる施設だ。トルヒーヨの競技場で砂漠の中のコンクリートみたいなトラックで砂埃にまみれながら走っていた彼女にとって全く別天地といえた。その環境の違いが成長をもたらしたようだ。

　また、この競技場は私にとっても最高の憩いの場となる。地方巡りからリマに帰ってくると必ずこの競技場に来た。手入れが行き届いた柔らかい芝生で十分汗を流すジョギングをする。芝生に寝転がるようにストレッチをし、高く伸びる数本の樹木を見渡すと夕焼けの木漏れ日が届いてくる。目に安らぎが注ぐ。心が癒される瞬間に郷愁を感じる。

　この素晴らしい環境の中で10日間の準備を終えた私たちは、1月8日、タクナに向けてスタートした。

デイシィ・セレセダ（後の体育庁長官）

　年も変わり81年1月8日木曜日午後6時、私はテレサを伴ってタクナ空港に到着。ペルー最南端に位置するタクナはさずがにトルヒーヨやリマとは趣を

異にしていた。南国的で整然としてとても綺麗な街だ。チリのアリカの影響かあか抜けた感じがする。

　今回のタクナでの目的は、このリガからもペルーを代表する選手を育成することだ。各地域のリガからペルー代表選手が選出されることは、とりもなおさず、そのリガの意識を向上させ、振興の起爆剤となる。その最有力選手がデイシィ・セレセダだ。

　私はデイシィの父親、セレセダ氏を彼の職場に訪ね、私の考えを説明した。セレセダ氏は趣旨を理解したうえで私を家に招き、デイシィの選抜について了解してくれた。これからアレキーパで予定している講習会にデイシィも参加し、その後タクナでも実施することを受け入れてくれた。この時点でテレサに加え、デイシィも地方選抜チームの選手となった。まだ14歳の少女だが、その後、ペルー代表選手として走幅跳で南米選手権大会など国際大会で活躍する。そして、大学卒業後は弁護士になり、ペルー体育庁長官に就任する。

　デイシィの走・跳は前年12月6日リマでのペルー選手権大会でじっくり観察した。全体的な動きに躍動感があり、柔らかく、バネがある。しかし、フォームはバランスが悪く未完成で効率の良い動きとはいえなかった。このフォームの助走とジャンプで5m10を跳んでいた。フォームを修正して天性のバネや柔軟性とかみ合えば素晴らしい総合力を習得できると判断した。

　この選手権大会に私も選手としてオープン参加した。大会を盛り上げ、楽しくしたい、という思いからの出場だ。走幅跳はペルー記録保持者のロナルドと競い、低記録だが、私の勝利。また、走高跳は16歳の高校生フェルナンド・バリエンテ（ピウラ）に敗れた。フェルナンドは後に私の愛弟子になり、40日間の日本武者修行をするが、常に私に勝ったことを誇りとし仲間たちに語る。

　大会終了後、私に近づいてきた人がいた。フェデリコ・メンドーサというタクナ・リガのコーチだ。彼が熱心にタクナへの巡回とデイシィへの指導を依

頼した。後日談になるが、後に長距離ペルーチャンピオンとなるフェリックス・イナド、円盤投のエルビラ・ユフラ、100 mハードルのアナ・アテンシオ、走高跳のパオラ・パロミノたちを私の許に送り出し、強い絆と連携で結ばれることになる。熱く陸上を語る人だ。人のつながりを大切にして、友好を保ちつつ仕事をする大切さをしみじみと語り教えてくれた人物だ。タクナで地道にタレント育成に精を出していた、冗談と笑いが絶えない先生だ。

セレセダ氏のもう1つの私への支援はエドアルド・オヘダさんを紹介してくれたことだ。オヘダさんは市内で靴屋さんを営んでいる元陸上選手。800 mのペルーチャンピオンにもなった人だ。アレキーパ・リガの役員兼コーチのオスカル・スーニガさんとはアレキーパの高校時代の同級生で、オスカルも円盤投でアレキーパ代表選手として活躍した。オヘダは士官学校へ、オスカルは大学で法律を学び弁護士になるが交友や情報交換は続いており、私の存在を既に承知していた。

そのオヘダさんが私たちに絶大な支援をしてくれた。練習場の確保、テレサの下宿、リガとの橋渡しなどだ。

メルガール競技場にて、FPA秘書とマグノ・ロハ先生

左からテレサ、デイシィ、アナ・マリア

　翌日、タクナ・リガ会長の訪問を受け、リガの役員やコーチとの会議を持った。そして、タクナにおける講習会兼トレーニングは3月1日から1カ月と決定した。アレキーパでの巡回指導が1月12日から2月28日までと決まっていたので、それが終わり次第、タクナに来ることを約束した。

　アレキーパでは、テレサは畑さんの知人の家、デイシィは親戚の家、そして私はフェデリコ・スーニガさんの家にそれぞれ分宿することになった。フェデリコ・スーニガさんはアナ・マリア・スーニガのお父さんで、オスカルは叔父にあたる。私はアレキーパでの選抜選手の1人にアナ・マリアも候補に挙げたので、3人の選抜選手が揃ったことになる。

　講習会前の休日はフェデリコさんが観光案内をしてくれた。ミスティ山が眺望できる高台やチャチャニ山麓にあるユーラ温泉にトレッキング。ミスティ山やチャチャニ山は活火山で、アレキーパでは頻繁に地震が起き、滞在中何度も家から外に避難した。

　トレーニングはかなりハードなメニューを課した。加えて、時間厳守、私語を慎む、私的行動は許可を得て、という三カ条を掲げた。トルヒーヨでの40日講習会の反省から生まれた私の注文だ。短期間だと何とか日程を予定ど

トレッキングを楽しむ選手たち

おり消化できるが、長期となると中だるみや途中棄権などが発生して、有意義な、身につく講習を全うできない。「選手や保護者の機嫌をとりながらの指導では自分の目標は達成できない」と加藤さんから教えられていたのでそれに倣う形で設定した。

インターナショナル・クラブはアレキーパ市街の脇を流れるチリ川の河川敷を利用して建設されていた。クラブは会員制で、中流から上流クラスの家庭がファミリー会員として登録し、各種施設を利用する制度だ。アレキーパの中で別世界を形成している。この陸上競技場をリガが借り受けて今回の講習会開催に至ったのだが、参加者はクリオーヨ（ペルー生まれの白人）やメスティーソ（白人とインディオの混血）と呼ばれる人たちで、インディオやムラトー（白人男性と黒人女性の混血）といわれる子どもたちは1人もいない。リガの会長は広く参加者を募る目的でアレキーパ陸上競技場を講習会の会場にしたかったようだが、役員の多くの意見でインターナショナル・クラブに決まった。確かにクラブは利便性と競技場の質を考えると有効だ。しかし、多くの子どもたちにとってクラブの敷居はあまりにも高かった。

アレキーパ新記録を連発

トレーニングも最後の週になると選手たちは私のことを「オグロ・ブエノ（いい鬼）」と呼ぶようになった。初めの頃は「オグロ（鬼）」の連発だったが、そのオグロにブエノがついた。憎らしいと鬼コーチと思いながらついてきた選手たちが「自分で確かに感じ取れる"成長"」をものにした瞬間だったのだろう。顔には自信が、動きには躍動感がみなぎっていた。スポーツの喜びを共有し、選手一人ひとりが達成感を味わった。

2月21日（土）、予定どおり記録会を開催。審判はリガの役員さんと選手たちの保護者が担当した。伸び伸びと競技する選手、子どもの活躍を楽しみながら審判をする保護者、アレキーパ・リガのレベル向上を喜ぶ役員が三位一体となって繰り広げた小さな記録会は多くのアレキーパ新記録を打

ち出した。

　新記録の原動力となったのは、走るテクニックの体得だ。走る動作は歩くことと同様、誰にでもできることだ。しかし、効率的な歩きや走りは誰にでもできることではない。それなりの理論がある。私が考える走る理論とは、（1）着地の際いかにブレーキをかけないで、重心移動するか。そして、（2）全身の筋肉活用の場面において、必要な筋肉だけを活用し、それ以外の筋肉は使用しない、つまりリラックスして次の動作に移る。それにより、省エネで効率の良い、持続的な運動が可能になる、ということだ。

　この理論を選手に実際に走る動作の中でどのように説明し、習得させるか、が鍵だ。何度も何度も繰り返し、理論と実践がピッタリと合うまで繰り返す。陸上競技のアップの段階で"ながし"というのがある。慣性走のことだが、この"ながし"の中で先ほどの理論が実践できなければ、できるまで、あるいは納得できるまで続ける。従って、回数は問題ではない。個人差もある。3回目でOKが出て、次のメニューに移る選手もいれば、5回、9回と繰り返す選手もいる。このテクニックを身につけて走らなければ、スタートダッシュやレペテイションなどの走るメニューに移っても効果がない。技術の

役員・保護者・選手の集合写真、帽子がオスカル

保護者が計時・後列右が400mチャンピオンのコニー

習得や向上にはつながらず、疲労を蓄積するメニューになってしまう。

　走るテクニックは当然ジャンプの助走にも応用される。走幅跳の選手が天性のバネだけで跳んでも限界がくる。助走スピードを活かしたジャンプがさらなる飛躍をもたらす。同じように、長距離選手にもあてはまる。いかに疲労を蓄積することなく継続的にハイペースを維持して走り続けることができるか、が勝負なのだ。

　選手たちは30日間耳障りで頭が痛くなるほど「ブレーキかけるな」「重心移動」という私の声をインプットされながら走り続けた。デイシィは、

　「先生のブレーキと重心という声が襲ってきた夢を見ました」と言って苦笑。

　ペルー第2の都市といえども、地方のアレキーパの選手たちが首都リマの選手を追い抜くことになれば、他の地方にも良い影響が及び、リマの選手たちも一層励まなくてはならない現象が起き、それはペルー全体のレベル向上につながると考えた。これが私の協力隊員としての任務だ。

地域に誇りや愛着を持とう

　80年11月にスタートした地方巡回指導は4カ月後の3月末に終了した。トルヒーヨと南部3カ所だ。その報告と次の計画を2月に着任したアルサモラ会長と協議するためFPAに出勤。そして、8月7日に開催される大会を目指し、5月上旬から約3カ月にわたり、ピウラ、カハマルカをはじめ、ワンカーヨまで、11の地域を飛び回った。

　81年8月7日に開催されるジュニア・ペルー選手権大会への準備・強化を目的とした。

　この巡回指導に出発する前の4月、私は国立競技場に通い、午前中オフィスで巡回指導計画やトレーニングメニューを作成するなどのデスクワークを行い、シエスタ（昼休み）を挟んで、午後はグラウンドでリマの選手たちと汗を流した。あのロナルドや私の付添人みたいなアウグストたちだ。同時に、今までの心労を癒す時間とした。言葉の壁や文化の相違の中での巡回は、楽しくやりがいのある仕事だが、知らず知らずのうちに小さなジャブを多く受けていた。

　そして、今までの経験を反省して次のステージに移行することが必要だった。つまり、誰のための何のための巡回指導なのか。個人的な選手の育成や、一時的な地方リガへの援助で終わらない、地方にとって将来的に持続的な活動や成果が生み出されるものをどのように提供し共有するかを考えた。

　例えば、地域の陸上競技（あるいはスポーツ全般）がその競技だけに特化するのではなく、地域の教育や子育て、家族の楽しみや喜び、高齢者を含めた一般市民の楽しみにもなり、外出・観戦の機会の創出、さらにはその地域の福祉や環境整備、文化の継承と発展・構築といった具合にさまざまな方向に展開していく効果を生む機会となることが望ましい。そのためにはそれぞれの地方でどのような係わり方が求められるのか、という1つの大きな命題が浮かび上がってきた。机上の青写真で目的が達成できるとい

う代物ではないことは重々承知しているが、自分なりに理念を抱いてこの仕事に立ち会わなければとの思いを巡らした。

　私が掲げた理念は、「自分たちの地域に誇りや愛着を持とう」「地域の街づくりにかかわる人材になろう」「地域の価値をみんなで共有しよう」の三本だ。スポーツを通して、単に勝敗やメダルを意識するのではなく、自分の競技への取り組みや自分が歩む道程や結果が地域にも（国にも）効果がある、それが結果的に自分の生き方につながる、という一連の関連性が必要だと感じていた。

　この理念から考えれば、バジェン会長のトルヒーヨやアルサモラ会長のピウラという前任地は彼らの愛着心の強さの表れで「まず行ってくれ」という発言は納得できる。

　スポーツの大会はほとんどの場合、公金を使用する。大会運営や選手派遣、選手の栄養費などもそうだ。従って、スポーツ活動において重要なのは公正・公平を順守した組織の運営だ。これがないがしろにされると市民の賛同は得られない。逆に非難を浴びる。これまでの４カ所の地方の現状は、地方連盟（リガ）の組織や運営はモケーグアを除いて万全とはいえなかった。競技場の設備や管理、選手育成など不備が目立った。でも私は組織や運営について役員さんたちと十分な話し合いを持たなかった。リガにとって補助（特に補助金）は必要だが、内部の運営状況にはかかわってほしくない、という本音を感じたからだ。ただ地域（社会）の中でのスポーツは魅力があり人を惹きつける分野なので、リガの役割を認識して運営する必要があることは強調した。地域のアイデンティティやブランドの創成に一役担うためにリガは何をどうするか、という意見交換だ。

第4章

国際大会への道のり

第1節　選手指導ポリシーの確立

選手と接する、指導するということ

　自信喪失、疑心暗鬼のまま地方巡りを始め、あっという間に8カ月、10カ所以上の地域を巡った。走り回ったという感がある。でも確実に手ごたえを感じた。地方の先生方と一緒に連携して選手を育てられる。チャンピオンへの橋渡しができる、という確信だ。そして、チャンピオンになった選手と共にペルーを語り、未来を語り合えると信じた。選手の中にはチャンピオンになれない者もいる。その方が多い。でもいいのだ。目的や歩みを同じくして語り合う仲間ならば、共に夢を追い、未来への扉を開くことができる。火星に到着する宇宙飛行士がたった1人でも、火星プロジェクトの仲間はさまざまな役割で関与する。陸上競技は個人競技といわれるが、そうではない。共に練習する仲間、サポートするスタッフ、競技する仲間がいるからこそ順位がある。関わったすべての人の協力が結集して1人のチャンピオンを生む。チャンピオンはその瞬間に感じたこと見た景色、未来への思いを、関わった仲間に伝える義務がある。仲間と未来を切り拓き、ワクワクする未来を探すために。このような思いが巡回で芽生えた。

　地方巡回で得た経験は、もう1つ大切なことを教えてくれた。指導者の選手への接し方、つまり指導の仕方だ。双方が相手を尊重する姿勢だ。指導する側は立場上発言が強くなり、一種の権力を持つ。しかしそれは錯覚であり、誤認だということだ。また、指導者は選手が達成した成果を自分の指導力の恩恵と勘違いをする。それを自分の業績へと転嫁する。ついには自分の栄誉を得るための指導になる。栄誉や名声が欲しいがための指導が選手へのハラスメントへと発展する可能性もある。

　指導者は常に原点に戻る必要がある。指導内容と自身の言動を反省し、再計画することが大切だ。何のための指導なのか。自分の指導理念を掲げ、適切な指導とは何かを整理して次のステップへと移行することが求められる。

私たちコーチ・指導者はあくまでもサポート役。選手が主役で、選手を傍でサポートするのは家族、その次のサポート役が指導者という位置づけだ。また、指導の恩恵を受けるのは一部の選手だけでなく、すべての選手が受けなくてはならない。すべての選手と家族が幸福を感じられるスポーツ活動を常に考えて選手を預かるのだ。

身体運動学としての理解

　ペルー到着直後、ペンション光増に下宿を定めたものの、そこでの生活は地方から戻った数日で、ゆっくりくつろぎ充電する間もなく次の巡回地へと旅立つ日々が続いた。だがホッとする部屋があり、食堂でみなさんと歓談できるひとときは安寧と幸福を感じた。

　地方での仕事を終えての帰宅は、楽しい、充実した思い出よりも、不完全燃焼、後悔を背負っての帰宅の方が多かった。少しでも良い結果を地方に残したい、という欲張った思いがあったのだろう。私の意気消沈した雰囲気を察してか、食卓では皆さんが励ましてくれる。ここでの団欒のお陰で協力隊活動ができる、とペンション光増の皆さんに感謝した。

　リマに戻った時の私の任務はFPAとJICAへの業務報告と自己研鑽だった。最初に報告業務をすませ、残りの日数、時間は指導内容を検証した。対象となる体育教師・コーチ、そして選手たちの現状を考え、何を提供するか、計画を練る作業は充実感を得た。

　残り1年の活動の柱を何にするか、途中でぶれない目的を掲げる必要があった。今までの巡回指導では陸上競技の基本的な技術の紹介と表現を主体に展開してきた。それに加えて一歩踏み込んだ理論の紹介も必要だと考えた。

　陸上競技は歩く、走る、跳ぶ、投げる競技だ。ルール、制約がなければ誰でもいつでもできる運動だ。これを競技として位置づけ、優劣を競うと、よりレベルの高いパフォーマンスが必要となる。それを獲得するためには生

理学、解剖学、あるいは心理学という分野を採りいれなくてはならない。

　人の動作は運動器の骨、関節、筋肉で行われる。この運動器がより効率的に働くいなかが選手のレベルを決める。選手にとって効率化は必須条件となる。健康的な生活を営むうえにおいても効率的な運動器を保持することは重要だ。従って、次の巡回指導では参加者にこの運動器の話をすることにした。

　動物（人）は関節で体を動かす。関節を動かすのは筋肉であり、筋肉を統御するのは神経系だ。神経系の運動器を統御するメカニズムについては詳細な研究があり、理論化されているが、この点については触れない。運動の統御には、大脳、小脳、脊髄、末梢神経、目や耳などの感覚器までが複雑に関係して私には手に負えないからだ。

　関節には可動関節と不動関節がある。可動関節の働きは筋肉等と連動して手足などを動かす。つまり動きをつくる機能だ。一方、例えば片足が地面から離れて体重移動をする瞬間、他方の足（支持脚）は全体重を支える。そのとき支持脚の各関節は関節を動かす働きではなく、固定されて支え、体重を地面に伝える働きをする。つまり、可動関節には関節を動かさないで支持するという機能も併せ持っている。走高跳の踏切場面での踏切脚の各関節は固定されて支持脚となり、地面からの反発力を得て身体が上昇するというテクニックに応用される。

　このように基本的な動きを身体運動学的に提供し、技術習得につなげたいと考えた。

教え子たちの活躍

　1981年8月7日、ペルー選手権ジュニア大会の開会式が挙行された。北部地方選手団から始まった入場式は南部、中央北部、中央南部、中央西部、そしてリマ選手団と続き、約500人が行進した。ペルー全国、各地域から選抜された選手たちの雄姿だ。人数規模が少ないのは県単位での

開会式での入場行進

選手団構成ではなく、州地域単位で構成しているためだ。

　昨年11月からの地方巡回で指導した選手たち、交流したコーチ・先生たちが国立競技場に集結した。行進では見覚えのある選手が手を振って微笑む。選手団監督として行進している先生が、隊列から離れ、私の所まで来て抱擁をする。地方で蒔いてきた種が今日どのような芽を出してくれるのか。まだ見ぬうごめきに期待が膨らむ。

　最初の競技、女子1500m決勝。号砲が鳴りワンカーヨとアレキーパのユニホームが飛び出し先頭を引っ張る。トルヒーヨやチンチャはやや遅れ、ついていくのが厳しい。その中で、アナ・マリア・スーニガが抜け出し、ゴルテープを切った。合宿でトレーニングに励んだ3人娘の1人だ。彼女は800mも制した。

先頭がアナ・マリア

100mを制したデイシィ

最優秀選手のフェルナンド

　3人娘のもう1人、タクナのデイシィ・セレセダの活躍は目覚ましく、100m、走幅跳、4×100mRの三冠に輝く。トルヒーヨのテレサ・ガノサは400mを制し、200mは準優勝。合宿を重ねた選手たちの成長は著しかった。

　男子で活躍したのがピウラのフェルナンド・バリエンテ。110mH、走高跳、走幅跳の三冠を達成、大会の最優秀選手に選ばれた。総合優勝は南部地域チーム（アレキーパ、タクナ、モケーグアなど）で、優秀選手に北部地域チーム（トルヒーヨ、チクラーヨ、ピウラなど）と小南部（ピスコ、チンチャ、イカなど）地域から選出された。選手たちの熱いエネルギーが渦巻いた。

　閉会式が終わり、全参加選手はグラウンドで手をつないで大きな輪を作り、一丸となってエールの交換、チームごとにグラウンドを1周した。南米のカーニバル的で陽気な締めくくり方を見せてもらった。

　数分後、グラウンドには誰1人残っていなかった。嵐が去った後の静寂。広い国立競技場の観覧席の一席に座っていた私はしばらく大会の余韻に浸っていた。選手たちの走、跳、投が走馬灯のごとく蘇ってくる。ふとグラウンドに目をやると、いままで意識していなかった芝生の鮮やかな緑が目に飛

　び込んできた。芝生の芽だ。この生き生きとした緑の芽こそ選手たちの成長
した姿だと思った。私がここ1年間の地方巡回指導で蒔いてきた指導という
ささやかな種が選手たちの成長となって芽を出してくれたと感じた。

　この大会で最優秀選手のフェルナンド・バリエンテと優秀選手のファン・
マルコビッチ（三段跳）は10月にブラジル・サンパウロで開催される南米選
手権ジュニア大会のペルー代表として選出された。2人とも私とトレーニング
しており、しかも跳躍選手ということで引率コーチに私が選ばれた。

国際講習会への挑戦

　8月のペルー選手権大会が終了し、私の地方巡回も一段落した9月、南米陸上競技連盟会長ガルベス氏から声をかけられた。

　「アキラ、スペイン語は上達したかい」

　白髪で柔和な面持ちで話される会長からは常に慈悲を感じる。日本の一青年が言葉も十分話せず、地方巡回で走り回っている様子を見守ってくれ、巡回の合間にFPAへ報告に行くたびに励ましの声をかけて頂いた。FPAは南米連盟の隣にある。

　「はい。日常生活と自分の専門分野のスペイン語ならなんとか」

　まだ自信を持つには至らないが、そう返答した。会長は微笑みながら、

　「そうか、ずいぶん逞しくなったね。ところでラ・パスに行かないか。南米連盟主催の講習会をボリビアで開催する。その講師として」

　驚いて、すぐに言葉が出ず、ようやくしどろもどろで、

　「やらせてください。挑戦したいです」

　後先を考えず、夢を追う気持で答えてしまった。

　「わかった、早速、ボリビア陸上競技連盟に連絡して受け入れ体制を整えてもらう。アキラも指導内容を準備しておくように。具体的な内容は秘書から聞いてくれ」

　そう言い残して会長はオフィスを出て、入れ替わるように秘書が私に説明した。それによると、期日は10月22日から30日まで。往復のチケットと日当は南米連盟が負担、滞在費はボリビア連盟が負担するという。秘書の1人はFPAとの兼任で、私の今までの経緯や地方巡回で四苦八苦している状況を知っていて「アキラ、よかったね」と慰めてくれた。

　10月20日、秘書からラ・パス往復のチケットと200ドル（1日20ドル）の日当を受け取り、22日の12時30分発ラン・チレ航空で出発することになった。11時半にリマ国際空港に到着。受付カウンターで出国手続きをしてびっくり、ボリビア入国ビザを取得していなかった。今までの地方巡回のように、

チケットさえあれば大丈夫、という感覚で来てしまったのだ。

　リマ市内のサン・イシドロ地区にあるボリビア大使館に走り、受付で申請する。「48時間前に申請しないと発行できません」と断られる。ボリビア陸上連盟との仕事だと説明すると、なんと10分で発行してくれた。とんぼ返りで飛行場へ、しかし、出発5分前。絶体絶命。ここでも事情を丁寧に話し、搭乗を依頼。受付の職員は上司に伺いを立てて「OKがとれたよ」と弾んだ声。私を機内まで案内してくれた。奇跡だ、と何度も自分に言い聞かせての搭乗だった。着席するや917便は滑走した。

　冷や汗をかき隣の方に恐縮しつつ一息つく。眼下にティティカカ湖が見える。標高4,000mにある広大な美しい湖で幻のゾーンに感じる。ペルーのプーノというアンデスの町と国境を接していて、かつてインカ文化やアイマラ文化が栄えた地域だ。その湖をさらに見下ろす綿雪を頂く霊峰イリマニ山（6,402m）を中心としたアルティプラーノ（アンデス山地）を眺めながら「今日の失敗」を思い出しているうちにエル・アルト国際空港に到着。2時間ばかりの飛行だった。

　講習会は参加した先生方と私の、そして、スペイン語と私の格闘だった。

ボリビア各地から参加した先生たち

1週間の実技で皆の頬はゲッソリと落ちた。しかし、目の輝きだけは残っており、最後のハードル種目までやり通した。もはやエネルギーをすべて使い果たした皆の笑顔は最高に美しかった。

初めての南米選手権大会

10月31日は終日休養。のんびりとラ・パスの街を散歩した。景色を眺めながらのブラ歩きだが、脳裏にはあの先生方の必死に奮闘する姿が浮かぶ。今頃どうしているのか。まだ余韻が私を支配していた。

昨日、FPAから連絡が入った。11月4日からラ・パスで開催される成人の南米選手権大会にペルーチームのコーチとして引率してほしい。南米連盟のガルベス会長には了承を得たのでそのままラ・パスで待機するよう指示された。

11月1日、選手団がラ・パス到着。翌日から事前練習、調整をすることになった。私は跳躍選手4人のコーチとして補助する。11月2日から2日間、講習会で散々汗をかいたラ・パス陸上競技場で調整をする。ペルーには全天候性の競技場がなくタータントラックやピットで練習していない。戦う以前にタータンに順応しなければならない。

また、前日のミーティングで私は跳躍選手4人のコーチということだったが、選手団を引率してきたのは連盟役員1人だけで、彼は指導も補助もできないという。自分は選手団のチケットや宿泊など旅行に関することが担当なのでアキラが全選手の指導をしてくれと。選手たちもそれを望んでいるという。講習会以上に忙しくなった。

跳躍選手はタータンでの助走合わせを完了させ、短助走ジャンプを数本行ってダウン。他の選手たちには慣性走でフォームバランスとスピード感覚をつかむようにアドバイスする。夕食後、21時からのミーティングをすませ、明日はどうなるやらと不安を抱えながら就寝。

11月3日。9時30分からトレーニング開始。準備運動までは全員一緒に

実施。長距離選手には別メニューを提供、加えて各自が通常行う試合前の調整をするようにアドバイスする。慣性走を終え、選手たちは「呼吸は少し苦しいが、体の動きはタータンになじんできた」とようやく笑顔がでる。観察からも確かに反発力のあるゴムの特性に脚部の動きがマッチしてきた。

　ジャンプの練習では走幅跳のマリエタの動きがやや硬く、脚部の動作の矯正が必要だった。三段跳にいたっては、基本動作ができてなく、大会にきて初歩動作から指導しなければならなかった。一夜漬けテクニックで試合に臨まなければならない。重心移動を少ないブレーキでできるかがカギになる。この種目にはブラジルの世界記録保持者ジョアン・オリベイラ選手も参加すると聞いていた。

　走幅跳のロナルドはランニングフォームもスピードも格段と良くなっていた。助走練習では踏切3歩前のタイミングが非常によく、加速させたスピードも上方へスムーズに移動できている。しかも気力が充実していた。ボリビア入りする前のリマでの2週間はフォームもリズムも総崩れで落胆していた、という。

　高山病が回復して練習に入ってきたハードルのオヘダ選手も身体がまだ目覚めていなく、自分の身体ではないような感覚で走っている、と嘆く。時間が解決するから焦らず、レースの直前に最好調になればいい、と励ます。どのようなアドバイスをしたら選手が自信を持ち、試合に向かっていけるか、ということを考えると、コーチがいかに大切か再認識すると同時に、難しい役割だと改めて気づかされた。

　投擲選手たちは練習場がメイン競技場の外に設けられていたので合同の準備運動を終えたらそこへ移動して各自がそれぞれの種目練習をするように指示した。一人ひとりの実態を把握していないので、彼らにも長距離選手と同様、各自の調整方法で取り組むようにアドバイスする。短距離選手たちにはジャンプ選手と並行してアドバイスする。スタートダッシュでの声掛けやタイミングの調整、コーナーワークの修正などだ。量をこなすわけではないので十分な時間をかけて話し合いながらの準備となる。

　その夜、ミーティング終了後、数人の選手からさまざまな相談を受けた。リマでのトレーニング、国際大会への参加の仕方、ナショナルチームの編成の仕方、など日頃選手たちが悩み抱えている不安を述べる。リマに帰ってから時間をかけて解決の道を探そうと約束する。一人ひとりマッサージをしながら親身に話し合えたことはその後の私の業務に有効に働く。特に、短距離のマルコ、ジョルジョ兄弟、カルメラ、ブリギッティとは初めてゆっくり話せた。

ロナルド敗れる

　11月5日、いよいよ大会初日。ようやく始まる、と安堵した。コーチは大会までが大仕事、試合は本人任せでいいと思っている。競技中にきめ細やかに四六時中声掛けやアドバイスはできないし、必要ないと考える。もし失敗したら自分で原因を考え、修正し、反省してこそ成長する。そのために日頃のトレーニングもコーチは主役ではなく脇役、アドバイザーだ。コーチが主体となって勝とうとするスポーツには楽しみも喜びもない。選手にとって他人のスポーツになってしまう。そう思いながら選手を競技場に送り出す。

　高山病を患った三段跳のムーソはファールながら15m程のジャンプをみせたが、14m38で競技を終えた。女子やり投げのパトリシアは43m50を投げて自己新をマーク。100m準決勝にマウティノ兄弟が出場、共に10秒4で決勝に進む。弟のジョルジョは最高のスタートを切り、ゴールまでの走りは98点。兄のマルコはスタートでの上体のお越しが早すぎて中盤に加速に乗れず70点、という私の評価。続いて女子200m準決勝。カルメラが23秒6、ブリギッティが24秒8で、こちらも無事決勝へ進む。カルメラのコーナー出口からの加速は無理なく行われ、減速少なくゴールへ。ブリギッティも前半コーナーをうまく走り切ったが、直線で上体が前傾しすぎてブレーキに。だがジュニアクラスの彼女にとって貴重な一本となった。女子走幅跳のマリエタは5m61の自己新記録だが、6mジャンパーたちに圧倒された。

11月6日、大会二日目。男子走幅跳でロナルドが敗れた。7m50を超えるジャンプを連発したが、ことごとくファール。唯一白旗が挙がった記録は7m14だった。自己記録を下回る。100m決勝はマルコがスタートからの流れをうまくまとめ10秒3、ジョルジョは中盤動きが硬く10秒6に終わる。女子200m決勝は、スタートでの加速につまずいたカルメラが後半追い上げたが3位と泣く。ブリギッティは準決勝の反省事項を修正して24秒5の自己ベストをマークした。10000mのウゴ・ガビノ（ワンカーヨ）は先頭集団に食らいつき、ラストスパートが効いて3位でゴール。投擲陣は女子やり投げのパトリシア以外、残念ながら、力の差を見せつけられた。男子200mは決勝でマルコが21秒0、ジョルジョが21秒2と健闘したがメダルに届かず。彼らの悔しさを一緒に味わう。ペルーチームの最大の栄誉は女子100mのカルメラだった。200mの後、走りの反省とコンディションづくりが成功して11秒2で圧勝した。高地ラ・パスでの記録といえども世界に通じる南米新記録だった。この大会にコーチとして関わり、改めてペルー人の底知れぬ能力の存在を認識した。

　4日間にわたる大会は、総合でブラジルが優勝、チリ、アルゼンチンと続き、ペルーは5位。前回の8位、メダル1個を大きく上回り、12個のメダル獲得という成績を残した。

　夕食の席でロナルドのサント（誕生日）をみんなで祝った。盛り上がりは欠けたが心のこもったひとときを共有した。また同じホテルに宿泊していたブラジルのナカヤ選手（日系2世・100m10秒1で優勝）とそのコーチのアキオさんと親交を得た。サンパウロの様子や日系スポーツクラブの様子を聞いた。

協力隊活動の原点

　協力隊の特権、若さを武器に1年4カ月活動した。その体力も途中砕けそうになったが、精神的に壊れずにこられたのは任務へのやりがいだった。

　地方巡回で国内の状況を知り、国際大会参加で南米レベルを把握する機会を得た。そこで残りの7カ月は他の地方への巡回を行い、今までの不足を補う業務を推進したいと考えた。その計画をアルサモラ会長に伝えたところ、「地方巡回指導は今回で十分効果があった。これからの時間はリマでナショナルチーム候補選手を中心に指導してほしい」との要請を受けた。地方で何をやり残したか、その当時自分に何が不足していたかを自覚している私としては地方巡回を進めたかったのだが、確かにリマで活動している選手への指導やコーチの先生方との交流がほとんどなく、その業務も大切だと理解して、リマで活動することにした。

　11月16日にチリ・サンチャゴから帰国した私は連盟とJICAペルー事務所に遠征の報告をすませ、1週間休暇をもらった。今までの活動の整理と喘息療養を兼ねてチョシーカに行った。空気が澄んでいてゆっくり過ごせると教え子のアドルフ・ロペスに勧められたからだ。彼が住む町は週末にリマから多くの喘息患者などが保養に来るとのことだ。標高800mで広大な林の中にバンガロー風の平屋の戸建が数棟あり、私たち日本人には安価で利用することができる。

　この療養期間にさまざまなことが脳裏を去来した。「私は何のためにスポーツ（陸上）を指導するのか」「そもそもスポーツとは何か」「選手にどのような目的や意識を持ってもらうか」などだ。いずれも基本的なことで、活動の原点は何か、という問いだ。そして私なりに出した答えは次のようなことだ。

　青少年が、スポーツを通じて自分の価値観、倫理観を育む。つまり、自分は人としてどういう考えを持ち、どう行動するか、を形成する作業（練習）につながる活動であってほしい。青少年が1つのスポーツを好きになり最初に思うことは「うまくなりたい」、次に「記録（成績）を伸ばしたい」ということだろう。それが達成できると次は、「メダリストに」「優勝したい」と徐々にエスカレートしていく。その過程で人としての在り方が問われ、人格が形

成されなければならない。単なる勝利主義は弱肉強食の世界へと突進してしまう。

　当初、私が憂慮していたことは、ペルーの青少年が"貧困"や"格差（差別）"などの社会情勢の中で「犯罪や事故に巻き込まれていく」ことだった。それを回避するためにスポーツを役立たせたい、という思いがあった。スポーツに親しみトレーニングを積むことで自分の心身を鍛える、仲間と協力し合う、自分と向き合い、自分を律し、自己形成につなげてほしいという願いだ。それ故、地方での選手たちとの話は、陸上競技の技術的なことよりも、人として、青年としてどう生きるか、という話し合いが多かった。ペルーという国、自分が住んでいる町の将来はどうなるのか、自分はどのような社会人になっているか、職業はなにか、など練習後に雑談交じりに話し合った。スポーツには守らなければならないルールがある。1人ではできないことを誰かと協力して立ち向かわなければならないこともある。自分が何かを考え、整理し、主張することは同時に、それを聞いて異なる意見や主張する仲間を理解し、互いの意見を折りあわせ、整理する力を養う。

　ペルーの選手（青少年）にとって外国人である私の下手なスペイン語での話を聞いて「アキラは何を言いたいのか、何を考えているのか」と疑問に思うことは、つまり彼らが「私が言いたいこと」をより深く考え、自分の理解をまとめることにつながる、と思った。「アキラ、それはどういう意味？」「何が言いたいの？」という質問が多く出れば出るほど「今回の講習は成功した」と受け止めていた。

　多くの青少年がスポーツ、芸術、科学などに興味を持ち取り組んで自分を考え、仲間や地域を想い、未来を描きながら歩むことでペルーの未来が健全に拓けると信じた。この原点を再確認する時間だった。

**ソウルで感じた可能性と違和感／
国境を越えた選手間交流が消えた**

　延べ10年のペルーでの陸上競技指導を通して、目標の1つにオリンピック参加を掲げた。選手個人やコーチの栄誉を求めるものではなく、ペルーの青少年の希望、いうなれば"生きる発奮材料"を何らかの形で表現したかった。だから多くの選手（青少年）たちとの共通の目標とした。目指すものがオリンピックでも、南米選手権大会でも、ペルーチャンピオンでもいいのだが、目標に向かって生きる姿勢を身につけてほしかった。自分の時間とエネルギーを何に使うか、自分なりに考え実行する、しかも継続的にあきらめず取り組む自分を形成してほしいという願いからだ。

　この私の願いは実ったと思っている。選手（青少年）たちは延べ63回ペルー新記録を樹立した。実に立派な挑戦での成果だ。今までの選手が開けることのできなかった扉を彼らが自らの手で開けた。その瞬間を彼らは経験して感動を得た。その瞬間は努力の積み重ねの後に訪れることも知った。感動は生きる喜びにつながり、明日への原動力へと進化していく。彼らの生き生きとした姿を見ていてそう感じた。彼らのこの経験はさらに友人へと伝わり、希望の輪はどんどん広がる。そうあってほしいと願わずにはいられない。

　私たちが参加したソウルは東京に次ぐアジアでのオリンピック開催2カ国目ということで、アジア地域はもちろん、アフリカや南アメリカから強い関心が寄せられていた。「自国でも開催したい」という思いからだ。

　当時、先進国の仲間入りを果たすには今一歩の首都ソウルでどのような内容の大会が運営され、国民の関心と協力が得られるかが焦点だった。将来オリンピック開催を夢みるアフリカや南アメリカの国々にとって興味津々、観察・検証したい舞台だ。私も個人的に非常に期待していた。南米ペルーからの参加者と隣国の日本人、2つの立場か

ら臨めることに感謝した。このオリンピックをさまざまな角度から見学したいと思った。

　まず、選手村に入って驚いた。各種スタッフがほとんど大学生で、若い力で大会を成功させるのだという意気込みを肌で感じたからだ。彼らはさまざまな言語を駆使して各国の選手団のお世話をする。彼らが大学を卒業して社会人となり、各分野で活躍し始めると、日本や他の先進国は脅かされる立場に追いやられるのではと予感した。この"若い力"を脅威に、そしてうらやましく思った。

　一方、世界160カ国から参加している選手たちの態度には少々裏切られた。初参加の私が無知なのか、世の移り変わりなのか、あるいは文化の相違なのか、選手たちのコミュニケーション交流がほとんど見られなかったのが残念だった。広場でも食堂でも、散歩においても、さまざまな国の選手たちが交流し合う光景をほとんど見ることはなかった。試合を控えているとはいうものの寂しく感じた。

　ある国の体操チームは全員一団となって行動していた。まるで入場行進をしているように。各国間の交流の場、話し合いの場、歌や踊りの場など楽しく催されるのが"まつり"と思っている私には、物足りなさがあった。オリンピックの選手村ってこのような様子なのかと思いながら、陸上ワールドカップを振り返った。そこでは笑い声が方々から聞こえ、楽しく、交流が盛んだった。単一種目での世界大会との違いなのだろうか。

第 5 章

スポーツ専門家として（国際交流基金）

第1節　国際交流基金から派遣

再びペルーへ

1982年の女子バレーボール世界選手権大会の折、前田豊会長から幾つか質問を受けた。

「協力隊員として陸上を指導していたようだけど、今は何をしているのですか」

「金沢の私立大学で体育の教員をしています」

「それじゃ安定した仕事だね。もうペルーでは活動しませんか？」

「大学を休職措置で参加しましたので、復職しました。でも、不完全燃焼の感があるので、機会があればもう一度挑戦したいと思っています」

「そうですか。外務省の外郭団体で国際交流基金というのがあって、茶道や華道など日本独自の文化の専門家を派遣する機関で、バレーボールや体操、それに柔道など、日本が得意とするスポーツで専門家を派遣する制度がありますよ」

前田会長は丁寧に詳しく説明してくれた。

私は国際交流基金の存在はおぼろげながら知っていたが、スポーツ専門家派遣制度については無知だった。対象となる国は途上国というよりも、むしろ先進国への派遣が多いとのことだった。

「もし君がこの制度に興味があるなら、日本陸上競技連盟の青木半治会長を訪ねなさい。私から青木会長に連絡しておきますよ」

私のキャリアで少しでも可能性があるのなら挑戦してみたいと思い、

「ご紹介をお願いします」と返答した。

帰国した私は、金沢に帰る前に成田から直接青木会長を訪ねた。青木会長は前田会長から連絡を受けていたとのことで、私を快く受け入れてくれ、相談に乗って頂いた。国際交流基金による陸上競技専門家派遣は、世界レベルを考えると日本人が陸上競技の専門家として派遣されることは、まずない、というご説明だった。いずれにしても日本陸上界として興味深い

ことなので動きましょう、という結論に達して、お宅を辞した。

　幸い一つひとつの機関における対応と準備が滞りなく進み、年明けの83年2月に派遣が決まり、諸手続きの完了後7月頃の出発ということになった。そこで学校には区切りの良い3月末で退職する意向を相談した。学長や体育主任からは残念がられたが、退職を受理して頂いた。ただ、3月で辞める必要はなく7月末にしなさいと温情を頂いた。誠にご迷惑ばかりかける教員だが、こんなにも私の身勝手を受け入れて頂いた上司の皆さんに感謝の言葉しかない。最後に盛大な送別会まで開催してくれた。

　金沢経済大学を退職して国際交流基金スポーツ専門家としてペルーに派遣された私は、教育省体育庁国際部に配属された。役職は国際部顧問。その国際部から兼務という形で配属されたのが、体育庁附設体育専門学校（以下、体育専門学校）と陸上競技連盟（FPA）だった。体育専門学校は体育教員と各種スポーツ指導者を養成する4年制の学校だ。ユイ・カスティジョという中国系の教授が校長で私のカウンターパートを務めてくれた。彼は日系の陸上競技クラブのコーチもしており陸上選手たちとは厚い信頼関係を築いていた。名門サン・マルコス大学出身で、ペルー体育教育界では第一人者だ。陸上競技が専門ということもあり、私を支援してくれ、体育界と陸上界で活動しやすいベースをつくってくれた。

　ユイ校長からの指示で、私はコーチング理論、身体運動学（バイオメカニクス）、そして、運動生理学を担当した。それぞれ週1回、90分授業だ。大学時代の専攻は競技運動学だったので、コーチング理論と身体運動学は抵抗なく講義準備をして授業に臨めたが、運動生理学については単位を取得したものの、実習は経験がなく理論も不十分で、まさしく一から学び直さねばならなかった。スペイン語だけではなく運動生理学との格闘が増えた。

　ユイ校長からは、「ペルーではまだ大学に運動生理学や身体運動学の授業がなく、これから絶対に必要だ。今の学生からしっかりと学ばせてやり

たい」という気持ちでの依頼だった。自分たちも学生に教えるだけの経験がないのでアキラに担当してもらいたい、と強調した。

　大役を担い、講義準備も90分の授業もそれは大変だった。毎回レジュメを作って授業に臨むがスムーズにいかず、同じことを繰り返し説明しないと伝わらないというジレンマがあった。さらに悲しい事は、出席を採るのに姓名の発音が難しい。どれも引っかかる。姓の複雑さは移民の影響だろう。先住民系の姓はワマンやチュキミヤなど。ヨーロッパ各国からの移民系はソウ

授業が終わってリラクゼーション

サ、マルコビッチ、マウティノ、アブガタスなど。アジア系はタンなど多様だ。他方、その苗字で、家系の出身国がわかり、大変興味深い。

　私の拙いスペイン語による授業を受けた学生たちだが、積極的に学び、矢継ぎ早に質問をする。私の回答が遅れると、学生たち自らが「それはこういう意味だよ」など、学生同士の意見交換に展開するほどだった。その光景を頼もしく見守っていた。彼らは卒業した暁にはペルー全土に散らばり、それぞれの地域で体育教師として、あるいはスポーツコーチとして、しかもその地域の第一人者として指導する立場になると思うと感慨深いものがあった。

椿原隊員と二人三脚

　協力隊を終了するにあたり、FPAの依頼を受けて、JICAに後任隊員派遣の依頼をした。後任は投擲種目を指導できる方を、という要望も付け加えた。私は短距離と跳躍・ハードルを専門として指導したので、後任隊員は投擲専門の人と考えた。

　この要請を受けて試験に合格し、ペルーに赴任してきたのが椿原孝典隊員（以後、椿さん）だ。20歳代半ばの、身長186cm、体重100kgを超える体格の持ち主で、現役バリバリを感じさせる逞しい人だった。小柄でひ弱な私とは雲泥の差がある若人が後任として赴任した。

　彼が隊員として赴任した83年3月当時、私はペルーにいない。椿さんが赴任前の駒ケ根で訓練を受けている時に初対面した。ちょうどお互い書類をコピーしている際に出会い、挨拶を交わしたのを覚えている。この人が後任として赴任するならペルーの投擲部門は強化され、成果を挙げてくれると確信した。彼の目が生き生きとしていたのだ。この時はまだ先々一緒に活動することになるとは夢にも思っていなかった。82年12月頃だったと思う。運命とは解らないものだ。

　その出会いから数カ月過ぎて私は国際交流基金のスポーツ専門家とし

てペルーに派遣される。83年8月のことだ。そしてFPAに着任していた椿さんと合流する。後任隊員を要請した前任隊員が一緒に仕事をすることになったのだ。もっとも私の主たる配属先は体育庁国際部で体育専門学校とFPAは兼任という立場だ。

　ここから私たちの二人三脚がスタートした。選手の育成、陸上競技の普及をどのように展開していくか、毎日のように協議をして計画を練った。この熱い気持ち、熱い協議が2人をペルー陸上界にどっぷりと浸からせることになる。

　私たちはFPAコーチとして、椿さんが投擲部門、私が短・長距離と跳躍部門。共通のウエイトトレーニングは椿さん、基本運動を私が請け負うという体制を整えた。先述のとおり、毎日のように往復2時間の通勤路に付き合ってくれたアウグスト・マラガをはじめとする若いコーチが、希望する部門で一緒に活動した。

　FPAには専属コーチが数人いるが、それぞれクラブチームのコーチが主で、FPAが選抜して編成するナショナルチームの選手を指導することはない。国際大会に引率した際、選手指導ではなくマネジメント業務になる。自分が指導しているクラブの選手ならば適切なアドバイスが可能だが、他のクラブ選手たちは自分で試合に向けた準備をしなければならない。このような状況で大会に参加したのでは他国の選手と対等に戦うことはできない。私たちは代表選手となる可能性の高い選手については日頃から指導できる体制を整える必要があると提案した。専属コーチがいる選手についてはそのコーチと連携する必要がある。その例の1つがタクナのメンドーサ先生だ。

　メンドーサ先生は私たちの企画に賛同してくれ、自分の教え子であるフェリックスやエルビラなど多くの選手を預けてくれた。選手たちは南米選手権大会で活躍する選手に成長、エルビラはジュニア世界選手権大会（アテネ）に参加、フェリックスはドイツ・マインツ大学に留学する。このように地方のコーチは私たちの方法に同意してくれる方が多かったが、競技人口が最

も多く、代表選手も多いリマ地区にあってはまだまだ連携をとっての選手育成は困難を極めた。その問題も徐々に変化する。ナショナルチームの構成メンバーがリマ在住の選手が多い状況から地方選手の方が多くを占めるようになったのだ。ナショナルチームはリマ選抜チームから真のペルー選抜チームへと移行していった。

63のペルー新記録を樹立

全国的な選手育成をより強固なものとするために私たちはクラブ設立を考えた。つまりナショナルチーム的なクラブ、常設チームとしてのクラブを設けることだ。ペルー代表となる可能性のある選手や既に代表を経験している選手を中心としたクラブを設けて、それを私たち2人と希望するコーチで選手育成にあたる。地方のコーチとは連携を強化する。地方から選手をトレーニングに派遣して頂いたり、逆に私たちが地方に出張して合同トレーニングをするというシステムだ。このような選手育成のための組織づくりが必要だった。

私たちはクラブの名前を"やまと"と名付けた。私たち日本人が設立したFPA公認のクラブとアピールしたかった。決して自慢とかではなく、私たち協力隊の一歩の足跡としてFPAに残したかった。

計画したとおり、"クルブ・ヤマト"に全国各地から優秀な選手たちが加入してきた。リマで活動する選手も加わり、盤石なチームになった。ナショナルチーム経験者や候補者が同じクラブで一緒にトレーニングするのだから当然の姿だ。このクラブの選手たちは私がペルーでの活動に終止符を打ち、別れる際には延63個のペルー新記録を樹立した。ペルー陸上界で青年たちは新しい扉を何回も開いて前進していったのだ。躍動感あふれる活躍をした。

この結果は椿さんとの二人三脚の結果であり、ペルーの多くのコーチのみなさんとの連携の賜物だ。FPAのカルロス・デ・ビナテア・アルモンテ会

長は非常に喜んで、

「もう1つ "クルブ・ヤマト" があったら、ペルーのレベルはもう一段階上がるだろう」

と称賛してくれた。

椿さんは仕事の相棒だ。月日が経過するにつけ仕事だけではなく心の、精神の相棒といえる人になってきた。お互い、任期満了や延長、あるいは再就任などという道を歩みながら、どちらかが必ずペルーにいて選手育成に携わる状況を作っていたように思う。しかし、どうしても私たちの考えだけでことが動いてくれるとは限らない。年度の途中、数カ月は双方ともペルー不在という時期もあった。その時はペルーのコーチ仲間や年長の選手がクラブを盛り立てた。私たちがペルーで活動できなくてもチームは機能するまでになった。彼らと協力して取り組んだ事業が日本人の手からペルー人の手へと移行する、技術移転ができたように思った。

椿さんとの付き合いは、お互いがペルーでの活動を終え日本に帰国してからも、延々と続いている。ペルーの教え子の活躍する情報を共有して、思い出を話し、反省もし、苦笑しながら楽しい酒を酌み交わしている。

第2節　選手とともに世界を転戦

南米からアメリカンへ

83年11月。南米陸上競技連盟（以下、南米連盟）の公認インストラクラーとしてエクアドルのグァヤキル市に出張した。2週間の国際講習会だ。ボリビア・ラ・パスでの講習会に続いてのオファーだった。その成果を受けて、南米連盟から非常に貴重な体験となる業務を受けた。南米選手権大会の視察だった。

85年はビックイベントの多い年だった。まず成人の南米選手権大会がチリ・サンチャゴで開催された。この大会にペルーチームのコーチとして参加したが、同時に南米連盟の公認インストラクラーという役割も兼ねた。ガル

グァヤキル市での講習会

ベス会長から各種目の南米チャンピオンをよく観察するようにとの指示を受けた。各種目のチャンピオンの中で世界で通用する種目と記録を見極める役割だ。

　大会後、各種目の優勝者は全員南米チームの選手として選抜され、同月にプエルト・リコで開催されたパン・アメリカン大会に参加した。南米選手権大会はパン・アメリカン大会の選考大会だった。残念ながらペルーからは1人も選抜されなかった。私は代表選手を多く輩出したチリやブラジルのコーチと共に南米チームコーチの一員に選ばれた。

南米連盟役員会で挨拶するガルベス会長

　パン・アメリカン大会というのは、アメリカ大陸全土の大会だ。カナダチーム、アメリカ合衆国チーム、中米チーム、そして南米チームが参加して行われる大会で、この大会での優勝者と世界レベルにある選手がさらに選抜されてアメリカ大陸チームのメンバーとしてワールドカップに出場する。このアメリカ大陸チームにはアメリカ合衆国チームは加わらない。ソビエト連邦チームや西ドイツチームと同様に1カ国単独チームとして参加する。いわゆる陸上大国だ。

　パン・アメリカン大会が終わり、南米チームからはチリの砲丸投選手1人が選抜されてアメリカ大陸チームの一員となった。大会ではカリブやカナダの強さに圧倒された。南米のチャンピオンはパン・アメリカン大会ではほとんど通用しない。世界どころか、パン・アメリカンがとても遠く思えた。世界レベルに届く記録を樹立したい、と目標を掲げた私だが、とても手が届かない雲のかなたに存在する大会だと認めざるを得なかった。

アメリカ大陸チームとワールドカップへ

　選手の選抜と同時にコーチの選抜も行われた。私はガルベス会長の強

い推薦を頂き、アメリカ大陸チームのコーチとして招かれた。大変光栄なことで正直驚いた。コーチ陣にはカナダのゲラルド・マックさんという超一流の方がいる。カナダ・ナショナルチームのヘッドコーチでベン・ジョンソン選手を指導していることで注目を集めていた。学生時代にマックさんが著した「マック式陸上競技教本」をむさぼるように読んだのを思い出す。

　マックさんはポーランド出身で、オリンピック短距離メダリストのイレーナ・シェビンスカ選手を育てたことで世界的コーチと目された人だ。64年の東京オリンピックに18歳で400mリレー金メダルを獲得してから、76年のモントリオールオリンピックまでに3個の金と2個の銀、そして、2個の銅を獲得する息の長いスーパースターだ。80年のモスクワ・オリンピックには出場せず、その年に引退した。100m、200m、400m、そして走幅跳で頂点を極めた選手は、男女通じて彼女しか存在しない。まさしく陸上競技の申し子といえる。カール・ルイスでさえ400mでは世界で勝てない。あの女性ながらのダイナミックな走りに陸上ファンは驚嘆し魅力を感じた。残念なことに、彼女が2018年に72歳で亡くなったとの訃報は世界中を流れた。

　彼女と同じようなダイナミックでぶれない安定した走りで活躍した男子選手としてはキューバのアルベルト・ファントレナ選手が印象的だ。76年のモントリオールオリンピックでの400mと800mのかつて例のないこの難しい2種目で金メダルを獲得して世界を驚かせた "カリブの怪物" だ。この偉業からカリブ旋風が始まる。このファントレナさんとは88年7月にキューバの首都ハバナでお会いする。

　もう1人アメリカ大陸チームの特別コーチとして招待されたのがジョアン・カルロス・デ・オリベイラさんだった。ご存じのとおり、三段跳の元世界記録保持者だ。75年のメキシコシティで開催されたパン・アメリカン大会で樹立した記録は、10年間世界記録として、また南米記録としては実に32年間君臨した当時の大記録だ。ところが、81年12月22日、悲報が世界を駆け巡った。交通事故で右脚を切断してしまった。私の前に現れ、握手をした

彼は車いすでの登場だった。前述したが、81年11月に私は彼と会っていた。ボリビアの首都ラ・パスでの南米選手権大会だ。17m05という記録で優勝したが、このジャンプが公式大会でのラストジャンプとなった。この大会の2カ月後の事故だった。ニュースを聞いて驚きと悲しみを隠せなかった。

　私たちは特別コーチとして常に一緒に行動をした。オーストラリア・キャン

ジョアン・オリベイラ氏と共に

1981年ラ・パスでのジョアン氏（後方中央）・右端が筆者

ベラへの旅行中も選手村でも親しく交流を重ねた。観客席では共にアメリカ大陸チームの選手に声援を送る。私は時々アジアチームの日本人選手に拍手し激励した。

そのジョアン・オリベイラさんは帰国後86年のサンパウロ州議会議員に立候補し見事当選。90年には再選されている。議員としても大活躍をされたことだろう。ところが不幸は再び彼に襲いかかる。99年5月29日、肝硬変と全身感染症を患い帰らぬ人となった。45歳という若さだ。私の4歳年下で世界の英雄だ。

ベン・ジョンソンの大腿筋

アメリカ大陸チームはメキシコシティからハワイ経由でシドニーに入り、シドニーからチャーターバスでキャンベラに移動した。プエルト・リコでもそうだったが、キャンベラの会場となった競技場はコンパクトで、大収容できる観覧席などない。そのため選手の動きや息遣いまで身近に感じられ、臨場感を感じる。ワールドカップという世界大会であるにもかかわらず、低コストで運営されていると感心した。オリンピックも各種目このような規模で開催されることが望ましいと思う。主催者の名誉やメンツなど必要なく、競技者主体の運営が理想的だと毎日競技場に通うたびに感じた。スポンサーについても一考が必要だ。ジョアンも「そのとおりで、ブラジルでの大会も質素に大会運営をしている」と話していた。

そういえばペルー国内はもちろん、南米選手権大会も、お粗末な大会、国際大会と思えぬ大会、などと思っていた自分が恥ずかしくなった。競技がスムーズに運び、さらに好記録が続出すれば、それに越したことはないのだ。日本の国民体育大会も開催県（都道府）の威信など不要で、参加者が喜び、観戦者が満足できる大会運営と会場であれば十分だと思う。

アメリカ大陸チームは主催者から2棟の宿泊棟が割り当てられた。男女それぞれ1棟だ。コーチは1人1部屋あてがわれ、選手はツインでの生活。食

堂はバスケットコート2面とれるくらいの広さで、ゆったりと空間的余裕を満喫しながら食事ができる。食後にアジアチームの日本人選手（慶応大学生）とアジアの陸上情報や南米の陸上事情などについて雑談する機会もあった。特に選手たちは練習方法について関心が高く、いろいろと質問をされた。大会後、1人の選手と文通を開始した。私の南米や中米の情報がどれだけ役に立てたかは疑問だが。

アメリカ大陸チームの選手たちとは食事をしながら楽しい交流をした。英語を話すカナダ選手とは挨拶程度だが、スペイン語圏の人たちとは食後も散歩をして写真を撮って交流した。何の話からだったか、ジャマイカの選手が腰痛で悩んでいると私にマッサージを要求した。コーチとして同行しているので選手たちは当然マッサージにも対応してくれると思っての依頼だったのか。4人で彼の部屋に行き、軽いマッサージをした。すると隣にいた選手も「自分もお願いしたい」というので、引き受けた。

ベン（ベンジャミン・シンクレア）・ジョンソンだった。疲労が溜まっている様子で、もみ返しがこない程度の強度で対応した。彼はカナダの選手だが、生まれ育ちはジャマイカだ。英語圏だがスペイン語も十分理解できるので会話には不自由しない。

彼の大腿筋をマッサージして実に驚いた。女性のウエストくらいの太い、発達した筋肉がとても柔らかいのだ。両手の親指で大腿三頭筋を押さえると、スーと中に食い込んでいく。通常、表面で固い、凝っている筋肉にぶち当たるのだが、その感触が全くない。なるほど、トレーニングでこのような筋肉をつくらなければならないのだと改めて認識した。技術はもちろん、ウエイトトレーニングで筋肉を鍛えていくところまでは範疇において選手を育てるだろうが、弾力性に富んだ筋肉づくりをするコーチはどれくらいいるのか。クールダウンですら十分にせず一日のトレーニングを終える選手がどれほど多いか。これは陸上競技に限らず、すべてのスポーツにいえる。つまり、スポーツをするための筋肉は柔軟で強靭でなければならないのだ。筋肉のみなら

ず関節にも柔軟性は必要だ。そのような身体が大きい動作を最速で可能にするのだろう。ピッチの速い選手がストライドを自然に伸ばせなければ、ゴールは遅れる。この大会でベン・ジョンソンは永遠のライバル、カール・ルイスを破って優勝した。改めて、世界最速選手の脚の状態を知った。

85年の9月と10月は私にとって、コーチとして最高の学び・体験の日々となった。

カリブ地区の選手たちと（中央がベン選手）

陸上ワールドカップの第4回キャンベラ大会（85年10月4日・5日・6日）に私は参加したのだが、2006年の第10回大会でこのシリーズは一旦幕を閉じる。ここまでのルールは、アジア、欧州、アフリカ、オセアニア、アメリカ大陸、アメリカ合衆国、開催国、前年欧州選手権優勝国が参加地域・国だったが、2010年の大会からは、IAAFコンティネンタルカップ（大陸別対抗戦）と名称が変更され、アジア・太平洋、アフリカ、アメリカ、ヨーロッパの4大陸が参加しての大会となった。だがこれも3回実施されただけで2018年の大会を最後に2020年に行われたIAAF評議会で廃止が決定され姿を消した。

大陸で1つのチームを編成して、世界レベルで競技交流する場は大変有意義だと感じていた私は残念な思いをした。選手が選ばれない国、少人数しか選ばれない国、という参加選手のバラツキはあるものの、異なる国の選手とチームメートとして参戦する意義は大きい。単一国の参加でメダルを競うオリンピックとは別の楽しさ、交流が生まれるのではないだろうか。

アテネ・ジュニア世界選手権大会

86年7月に第1回ジュニア世界選手権大会がギリシャのアテネで開催された。ペルーも3選手を派遣することになり、私もそのコーチとして引率した。三段跳と走幅跳のリカルド、800mのギジェルモ・ゲルシ、そして円盤投のエルビラ・ユフラだ。椿さんも支援コーチとして同行、監督は連盟副会長のマヌエル・コンシギェリ氏だ。

古代オリンピア発祥の地での開催は大変感動的なものだった。選手たちはジュニアクラスの世界的な選手たちと同じ舞台で競技した。世界のジュニアの代表が陸上競技を通して集い、楽しんだ体験をペルーの仲間たちにも伝えたいと情報収集に余念がない。そして、それが後に自分の競技人生に大いに活かされると自覚していた。

私は85年から南米連盟推薦による世界陸上競技連盟公認インストラクターに登録されていて、競技力向上や普及のための指導法などについて世界の各地域のインストラクターと意見交換の機会を得、友好を深めた。コーチとして身に余る光栄だった。

私の国際交流基金スポーツ専門家としての任期は86年7月末で終了す

右端が筆者・隣が走高跳世界記録保持者となるキューバのソトマジョール

左からエルビラ、筆者、リカルド、ゲルシ、椿さん

　ることになっていた。3年間の在任だ。従って、アテネへ出発する前は業務のまとめや引き継ぎ、そして挨拶回りに多忙を極めた。在ペルー日本大使館とJICAペルー事務所、ペルー体育庁、陸上競技連盟、体育専門学校、そしてお世話になった先生、コーチ、保護者の方々を訪問した。選手たちとはいつもの練習グラウンドで最後の練習を行い、一人ひとりと握手、抱擁をしての別れだった。もうこの教え子たちとは二度と会えないのだろう、と感慨深くグラウンドを後にした。

　このアテネの大会はペルーコーチとして最後になると思いながら観客席で競技する3人の選手を見守った。そして大会終了後、椿さんやペルーチームと別れ、1人でアクロポリスのパルテノン神殿などを観光して、ニューヨーク経由で日本に帰国した。

第6章

ソウルオリンピックへの挑戦

第1節　ピウラのリカルド

　リカルドとの出会いは1981年5月までさかのぼる。協力隊員の私は地方巡回指導で全国を飛び回っていたが、その1つが北部の町ピウラだった。

　兄のフェルナンドは非常に熱心で全日程講習会に参加。時には終了後、彼だけの特別トレーニングを課して徹底的に動きのメカニズムを教えた。加速運動、重心移動、作用反作用といった身体運動学的な基礎理論だ。彼は大変興味を抱き、私と継続的トレーニングを希望し、アルサモラ会長と相談した結果、コレヒオ（高校）卒業後リマに出て、おばさん宅に下宿して経理専門学校へ通うことになった。そして、私とリマでトレーニングをすることになる。

　そのフェルナンドに寄り添うように来ていたのが弟のリカルドだ。まだ13歳の彼は講習内容にはついてこられない。でも一緒にやりたくてしかたない彼に私は特別メニューを与えた。砂場での立幅跳と立三段跳だ。それぞれ3回連続で跳び、5分休憩。それを10セット課した。講習は1時間後に終了。参加者からの質問に答えている時に"はっ"と気が付いた。リカルドの存在を忘れていたのだ。急いで砂場に行きリカルドを見ると、彼はまだ黙々と跳んでいた。既に10セットは終わっているはずなのに無心で跳んでいる。

　「リカルド、もういいよ。講習も終わったよ」

　「あ、そう」

　そう返事すると、

　「プロフェソール・アキラ、グラシャス（先生、ありがとう）」

　「アスタ・マニャーナ（またあした）」

　フェルナンドと一緒に何事もなかったように帰る。

　この特別メニューの練習が連日続いたのだが、彼は一日も休まず、しっかりとメニューを消化した。まだ150cmに届かない身長だったが、細く長い脚の少年だった。顔が小さく耳が大きかったので仲間からはオレホン（大きい耳）というニックネームで呼ばれていた。フェルナンドと同じように身長が

180cmを超えて強靭な体格を身につけたら兄同様ペルーチャンピオンは夢ではない、とそのとき想像した。陸上競技で遊び、生活する姿を見て限りなく魅力を感じた。

　講習会が終了してリマに帰った私はバリエンテ兄弟と通信トレーニングをスタートする。アルサモラ会長の強い要請もあった。

　「彼らは私がピウラで育てた素質ある選手だから、アキラが引き継いで指導してくれ」

　地方でまた優秀な選手と出会った。

　リマのサン・フェリッペ地区に住む彼らのおばさんが週に1度JICAペルー事務所を訪ねて来た。私がプランニングしたトレーニングメニューを受け取りに来て、ピウラの甥っ子たちに送り続けてくれた。彼らからは実施した内容と感想を書いた手紙を受け取る。手紙の感想文からは彼らの陸上競技に対する愛着や選手としての将来の夢がひしひしと伝わってきた。フェルナンドとは半年余り、リカルドとは3年ばかりの通信トレーニングになった。もっとも3カ月の夏休みは毎年おばさんの家に下宿してフェルナンドたちと一緒にリマでトレーニングに励むことができた。これほどまでに陸上競技に打ち込む彼らを長期計画で、丁寧に、確実に指導しなければならない、と責任を感じた。ただ残念なことは地元のピウラで彼らを指導するコーチがいなかったことだ。

低調な記録で2位

　1984年、国際交流基金専門家2年目。15歳になったリカルドは三段跳で少年の部ペルーチャンピオンになった。その年、ボリビアのタリハという町で少年の部南米選手権大会が開催された。首都ラ・パスから南下したところに位置するブドウ栽培、ワイン製造が盛んな小さい閑静な町だ。リカルドは選手団の1人に選抜され、私もアンドレス・パロミノさんと共にコーチとして参加した。リカルドにとって初めての南米レベルでの戦いだ。将来を展望す

るための実力が問われる大会だが、三段跳で13m64という低調な記録で2位だった。しかもベネズエラとチリが不参加だったことを考慮すると、南米レベルでの実力を正確に判断できる結果ではなかった。南米は広大だが10カ国しかない。アジア大会のように国の数が多くない。だから1、2カ国参加しない大会はその規模は小さく、レベルも低くなってしまう。今回の2位という結果はこの大会での2位で南米の実力ナンバー2ではない。これでは世界のレベルには程遠い。私の認識では、南米チャンピオンともなれば世界に通用する選手、という物差しがあった。三段跳の南米記録保持者で世界記録保持者でもあるブラジルのジョアン・オリベイラ選手の雄姿が私を支配している。ジョアン・オリベイラさんとは81年11月のラ・パスでの南米選手権大会で初めて言葉を交わし、85年のワールドカップ・キャンベラ大会では共にアメリカ大陸チームのコーチとして参加、友人となるのだが、この段階では私の憧れのジャンパーだった。

　リカルドのジャンパーとしてのレベルはまだ低く、とても南米で戦う実力はない。そのことを突き付けられた大会の結果だった。トレーニングのプロセスで何が不足しているのか、何が未熟なのかを分析し、リカルドの選手として、そして私のコーチとしての資質を深く考えねばならない。大会までのプロセスも甘く不十分なトレーニング内容だった。トレーニングに取り組む姿勢が甘く、理念がなかった。人として安定せず、ぐらついていた。また私たちの信頼関係はどうか。トレーニングメニュー作成以前の問題だ。これらを改善しなくては良質のトレーニングにならず、当然効果は望めない。眠れない夜が続く。

　協力隊時代から数えて4年目。ペルー国内では普及や指導者の資質向上、そしてペルー記録の底上げにも多少貢献できた。だが南米の中のペルーチームへの協力は不十分で、それを解決するための思案が続いた。

　そして掲げたのが世界である程度通用する記録での"ジュニア南米チャンピオン"だった。少年の部において低レベルで、しかも負けたので、次の

カテゴリーであるジュニアの部では南米チャンピオンとしてふさわしい記録で勝つことを目標にした。

当時のリカルドの実力では無謀ともいえる、過大評価した目標かもしれないが、私たちはその夢に賭けた。リカルドだけでなく、私のすべての選手たちにそれぞれの夢を目標として歩む覚悟を持たせた。"みんなで夢を追いかけ、自分の手でつかもう"を合言葉にした。

85年、17歳になり少年の部からジュニアの部に移行したリカルドは父親の転勤に伴いリマで生活することになった。先にリマへ出てきていた兄フェルナンドや他の仲間たちと一緒にトレーニングをする機会を得た。この巡り合わせに感謝し、一日一日のトレーニングを大切に、目標に向かって確実に歩み始めた。

身長が180cmと逞しくなったリカルドはこの年の9月、ジュニア南米選手権大会に参加した。アルゼンチンのサンタ・フェで開催され、三段跳で14m44を跳び4位に入賞した。目標に一歩ずつ近づいているという実感があった。今のトレーニング方法で問題はない、と少し目の前が明るくなる。フェリックスも2000m障害で奮闘し、優勝者と1/100秒差の写真判定で敗れたが銀メダルを獲得した。5000mでは銅メダルを獲得して、堂々とジュニア南米レベルに到達したことを実証した。この2人をはじめ、100mHのスサナ・レッツ、走幅跳のデイシィ・セレセダ、デボラ・デ・ソウサ、円盤投げのエルビラ・ユフラ（椿さんの教え子）など一緒に目標を掲げた選手たちがペルーチャンピオンになり、南米選手権大会へと駒を進め、夢の実現、目標達成へと前進した。

南米トップレベルの選手に

翌86年はリカルドにとって恵みの年となった。

私たちの活動が計画どおり順調に運んだ。

南米大陸から飛び出してアメリカ合衆国のオルランドで開催されたジュニ

ア・パン・アメリカン大会と既に紹介したジュニア世界選手権大会に参加することができたのだ。キューバのハビエル・ソトマジョール選手との出会いは私たちにとって衝撃的だった。19歳の彼はジュニア最後の年で十分実力を発揮した。走高跳でパン・アメリカン大会と世界選手権の2冠を達成、世界的ジャンパーに仲間入りする。その後も順調に記録を伸ばし、ついに2m45という世界記録を樹立する。

　コーチの私も、サブトラックにおける各国のトレーニングや競技場でのパフォーマンス、試合運びなど、世界レベルの内容を学ぶことができた。

　両大会は私たちの目を覚まさせ、胸の内で燃える闘争心をあおる、ドラマティックな体験になった。リカルドの競技結果は、南米選手権大会も含めて、次のような記録だった。パン・アメリカン大会（7月中旬・USAオルランド）三段跳15m33（8位）、世界選手権大会（7月下旬・ギリシャ・アテネ）三段跳14m98（19位）、南米選手権大会（8月中旬・エクアドル・キト―）三段跳15m37（4位）走幅跳7m33（1位）。

　これらの大会で走幅跳と三段跳の2種目に自己記録、ペルー新記録を樹立した。そして、南米レベルでついに金メダルを獲得した。昨年は4位に留まり、メダルに届かなかった青年がようやく南米のトップレベルに肩を並べた。私たちの4カ年計画より1年早い目標達成だ。といっても記録的にはまだ低く、世界選手権大会はもとより、パン・アメリカン大会をみても、そのレベルからは遠くおいていかれている。世界との差は歴然としているが、ジュニア最終年となる来年度に向けての準備としてある程度整った形となった。4カ年計画の最終年、87年度の計画を再考し、さらに綿密に立て直し正確に実施していくことによって、着実に目標に接近できると確信を深めた。

　87年正月。4カ年計画の最終年の始まりを私は日本で迎えた。86年7月末に国際交流基金との専門家派遣契約が終了し日本に帰国していた。前述のアテネ・ジュニア世界選手権大会後、リカルドたちと別れて、アテネからニューヨーク経由で日本への旅に着いた。そのため、数週間後にエクアド

ルで開催された南米選手権大会には引率できず、リカルドが走幅跳で南米チャンピオンになった瞬間を見ていない。私の呪縛から解放され、自由になったリカルドの会心のジャンプだったのかもしれない。1人でも戦える逞しい選手に成長した。

一方、日本への帰国を利用して、私はリカルドの兄、フェルナンドを私費で日本に招待した。既に紹介したが、彼も成人の部における走幅跳と110mHのペルーチャンピオンで、南米選手権大会でも上位入賞する選手だ。文字どおりペルーの第一人者。経理専門学校を休学して40日の日本武者修行に挑戦した。

リカルドは私との長期計画、最後の年の仕上げを一緒に継続できるかどうか瀬戸際に立たされた。とりあえず文通でトレーニングメニューと結果報告のやり取りを継続した。双方にとって不安なスタートとなってしまった。

第2節　保護者の強力なサポート

選手たちから届いた片道航空券

私のペルー行きの招待は87年2月下旬に訪れた。アテネから帰国した私は選手たちの状態が気になり10月に1カ月間リマに行き、トレーニングの進み具合を観察した。11月に一人旅から日本に帰って私は悶々とした時間を過ごした。反面、いろんな面で充電、修正、発想、学びができた。また、北陸の冬、雪のクリスマスや正月、など懐かしい空気を腹いっぱい吸い込む時間でもあった。

そのような時にペルー教育省体育庁から私にリマまでの片道航空券が送られてきた。ペルーでもこのような対応ができるのだ、とすごく驚いた。今までのペルーでの公的手続きがあまりにもずさんで遅いことを知っている身としては信じられないことだった。この幻のような片道切符には納得できる幾つかの物語が含まれていた。

体育庁が切符を発注するに至るまでには保護者やFPAの並々ならぬ

努力があった。このことをペルーに着いて椿さんから聞いた。保護者や
FPAが動いたということは選手たちが熱心に働きかけた証である。つまり、
選手たちからの切符なのだ。その選手たちを私は置き去りにせざるを得な
かった。

　「みんな、ごめん。そして、ありがとう」

　心の中で謝罪し感謝した。

　その年の3月1日にリマに到着。6回目のホルヘ・チャベス国際空港だ。
みんなにとって意義ある"執念"となるか見極める年だと覚悟した。ところ
がその覚悟とは裏腹に、空港には誰1人出迎える人がいない。覚悟をして
降り立ったもののあまりにも惨めな、隙間風が通り過ぎていくような寂しさを感
じた。でもそのような感傷に浸ってはおれない。

　またしても体育庁に所属することになった。しかし、もう私の背中には日の
丸はない。ただ、体育庁国際部顧問とFPAコーチという肩書は変わらな
い。体育庁が主催する行事を企画し、講師を務めるのが国際部顧問の役
割で、基本的には午前中の業務だ。一方、午後の時間帯はFPAコーチ
として指導する。この業務区分を明確にしたうえで体育庁との個人契約を
締結した。

　提示された月給は500USドルだ。当時の為替レートで5万円。この額が
安いか高いか。私は現地の公務員や各種業種の勤労者の給与レベルを
おおよそ知っていた。ペルーが支払う額としてはそう簡単に工面できる額で
ないことも知っていた。また、応援してくれた選手や保護者のご苦労を思う
とき、契約金の云々には触れたくなかった。日本人の甘い姿勢だろうか。そ
れにも増して私はペルーに愛着を抱いていた。"技術協力"を信条として活
動したいと願っている自分にとって、提示された額が適当だとありがたく受け
入れた。そして、後輩協力隊員たちともう一度同じ釜の飯を食えると思うと
非常に清廉な気持ちになった。

　協力隊時代は月300USドル位の手当だったので十分生活していけると

思い、特に悲壮感はなかった。ただ住居費も自前なので、アルバイトをしなければちょっと苦しいかな、と一抹の不安はあった。

　ちょうどその頃、2つのアルバイト先を紹介された。1つは、教え子マルガリータのおばさんがコレヒオ（小中高一貫校）での仕事を提供してくれた。ドイツ系の女学校で、おばさんが校長先生だった。週2回、計6コマ（1コマ45分）の体育を担当した。このコレヒオ出身のスサナ・レッツが後に100mHでペルーチャンピオン、南米選手権大会2位へと成長する。

　もう1つのアルバイトは、そのスサナ・レッツのお母さんの紹介でペルー空軍での仕事だった。レッツ夫人の弟さんが空軍の将校で、幹部候補生の訓練担当官だった。訓練課目の1つに陸上競技があり、それを担当した。こちらも週2回計2コマ（1コマ90分）担当することになった。それが朝5時半開始。いわゆる朝飯前の訓練だ。週2回5時に家を出て、空軍検問所で身分証明書を提示して体育館やグラウンドに行く。暗い中訓練を開始し、終了して帰る頃は日が昇り、ほっとして帰路に着いた。

　この2つのアルバイトで家賃を払うことができた。同時に、大変貴重な経験をさせてもらった。ドイツ系コロニアの様子を垣間見ることができたことと、将校引率のもと空軍エリアを散策し、F104戦闘機を見学したことなどだ。

　とりあえず生活が成り立つ準備ができた頃、南米連盟のガルベス会長から声をかけて頂いた。再度、公認インストラクラーに推薦する、という。この推薦は81年、協力隊時代に最初に受けたもので、私の身分が断片的だったので、その都度私の意向を確認したのだ。

逞しさを増した選手たち

　リマに到着した翌日、早速サン・ルイス陸上競技場に出向く。数日はゆっくり過ごして気持ちを整えて行動すればよいものを、それができない自分がいる。椿さんが私の選手全員に声をかけてくれた。ミーティングをするためだ。欠席者は1人もいない。一人ひとりの喜んでいる顔を確認しながら握手や抱

擁をする。涙を見せる選手もいる。選手たちは本当に心から歓迎してくれた。私を必要としてくれていると実感した。少し遅れて、私をペルーに連れ戻した最大の功労者たちがやってきた。選手たちの保護者のみなさんだ。感極まる再会となった。

　選手、保護者が全員集合したところでミーティングを開始。今年度87年の計画と目標、ここ数年の長期計画とその進捗状況の確認。そして、1週間のプランと練習時間の打ち合わせをする。日本武者修行をしたフェルナンド、南米チャンピオンを目指すリカルド、フェリックス、エルビラなど国際大会出場組にはその開催期日なども十分確認した。キャプテンのフェルナンドは日本から帰国した後、グループを牽引していた。トレーニング開始前や休憩時間には日本での経験をみんなに話し、日本の素晴らしさを再三伝え、私との信頼関係をしっかりと維持することに努めていてくれた。

　アテネでのジュニア世界選手権大会以来の再開となったリカルドやエルビラは一回り逞しくなっていた。その成長が筋肉の十分な発達にも及んでいて、これなら目標達成はいけるのではと密かに感じる。私が不在の時に選手たちを継続的に指導し、留守を預かってくれた相棒の椿さんの功績は大きい。椿さんが前年の12月からこの2月まで、ペルーの夏3カ月間の基礎トレーニングとウエイトトレーニングを担当し、徹底的にしかも丁寧に鍛え上げてくれた。

　私が3月に合流してからのトレーニングは選手たちにとって想像を絶する内容になった。トレーニング中に何度も音を上げ、その度、目標を達成する困難さ、到達するための過程、トレーニングの意義を説いて聞かせなければならなかった。私も椿さんも背水の陣の先頭に立っていた。それを十分承知してか彼らは私たちのコトバをいつも素直な心で聞き入れてくれた。苦しいながらも笑顔が絶えないトレーニングを進めた。

　2月までの貴重な基礎トレーニングとウエイトトレーニングの上に積み重ねられた3月から5月までの専門的トレーニングで彼らの動きや顔つきに変化

が現れた。陸上競技の難しさを逆に楽しむ姿勢になってきたのだ。

　いよいよシーズン開幕。5月13日に国際大会選考会が開催された。リカルドはいきなり走幅跳で7m40、6月27日の大会では三段跳で15m46という自己記録並びにペルー新記録を樹立した。三段跳に関しては、オスカル・ブリンガ氏が1939年に打ち立てた15m40という記録を実に48年ぶりに更新したのだ。ブリンガ氏のこの記録は当時世界レベルでペルー陸上界の英雄的存在だった。日本の織田幹雄氏が28年のアムステルダム・オリンピックにおいて15m21で金メダルに輝くのだが、引き続き、南部忠平氏が32年のロサンゼルス・オリンピックで15m72で金メダル、さらに、田島直人氏が36年のベルリン・オリンピックで16m00で金メダルを獲得。三段跳は日本のお家芸といわれるようになる。そして次の40年のオリンピックが当時の東京府東京市で開催される予定だった。アジアで行われる大会ということで注目を集めていたが、日中戦争（支那事変）や軍部の反対等から日本政府が開催権を返上、残念ながら実現には至らなかった。そして次の44年のロンドン・オリンピックも第二次世界大戦勃発のため中止となる。この時代、ブリンガ氏が全盛期としたらオリンピックで十分にメダルを狙える位置にいた人だ。南部忠平氏の走幅跳7m98という日本記録が39年間破られなかったのと同様、ブリンガ氏の記録がいかに偉大かということがわかる。ちなみに48年のロンドン・オリンピック三段跳はスウェーデンのアルネ・オーマン選手が15m40で優勝している。この結果だけを見ると実に残念な時代背景である。

　さて、そのオスカル・ブリンガ氏の記録をついに更新したということでリカルドはマスコミの中心人物となり、偉業として報道された。現在の選手としては平凡な、南米レベルでも低い記録であったのだが。

悪夢のユニバシアード

　リカルドと私の順風満帆に思えた船出も6月に参加したユーゴスラビアで

のユニバシアードで座礁してしまった。三段跳14ｍ73、走幅跳6ｍ90という最悪の結果を土産に帰国した。実力がいまだ十分ではないという証だ。次のパン・アメリカン大会でも同じ失敗を繰り返した。コーチである私のスケジュールとコンディション調整ミスだった。国際大会には焦らず、じっくりと準備をして臨むべきだった。ユニバシアードに旅行気分で行ったこと。真冬から真夏の会場へ移動するための体調管理など、細心の注意を払わなければならなかった。7月のインディアナポリス（USA）でのパン・アメリカン大会は参加させるべきではなかった。三段跳で14ｍ87、走幅跳で6ｍ98を跳ぶのが精一杯だった。

　記録的に泥沼の底まで沈んだ私たちだったが、そこで溺れ死ぬようなことはなかった。パン・アメリカン大会では、三段跳のピットでアメリカ合衆国のコンリーやバンクス、キューバのレイナなど、そして走幅跳のピットではカール・ルイス、マイリック、ジェファーソンといった世界ランキング上位の選手たちと一緒に競技して彼らから何か感覚的な、その存在となるべきものを体得した。私もコーチとして、アップ場や競技ピットでコーチや選手の動き、態度などを観察できた貴重な時間でもあった。

　このように記録的に悪い結果を経験した2つのビッグイベントだが、視覚的に、感覚的に素晴らしい経験ができた遠征だった。目標とする南米選手権までの6週間をいかに効果的なトレーニングとして積み重ね、技術とマインド、このバランスを良好な方向に向かわせるか多くのヒントを得た。

　ダブルパンチを受けた状態でリマに戻った私たちは悪夢に陥った。前述の偉業の報道とは打って変わってバッシングを受けた。マスコミから徹底的に叩かれ、FPAからもこの時とばかり罵声を浴びせられた。

　言い訳は一切せずすべて受け入れた。記録が残る以上その結果を真摯に受け止め、反省すると同時に、次の大会のために詳細にわたって原因を分析した。その結果、8月に控えていたローマでの世界選手権大会は参加を辞退、当初の目的を達成するために再スタートする方針を決めた。ア

スリートとして最大の目標である世界選手権大会への不参加は残念な事態だが、己のレベルに応じた道を歩むことこそ理に適った最善の方法であることを忘れるわけにはいかなかった。選手にとって国際大会への参加は魅力的で、未知の国や大会への憧れは心を揺さぶられる。記録や順位を問わず参加するのであれば楽しい遠征になる。それもスポーツをする1つの手段ではある。参加資格を得て派遣されればいい、という参加資格（標準記録突破）を目標にする場合もある。個々人の問題だが、私たちの目標は南米チャンピオンだ。国際大会参加のための観光旅行ではない。2人で方向性を再確認する機会になった。

　この頃のリカルドの肉体と精神の疲労度は極限に達していた。その回復を考慮しながらのトレーニングを進める。同時に基礎トレーニング期に身につけた総合的体力や筋力が落ちてきていたので再度補充しなければならなかった。そのために行ったトレーニングが4×8ドリルだ。幅4m、長さ8mの砂場をフルに使ってのジャンプやダッシュの反復運動。科学的トレーニング施設が皆無のペルーにあって、頼れるのは目の前にある施設、自然、そしてアイディアだけだった。不備を嘆く気持ちもあるが、アイディアで勝負する

アンコンの砂浜で基礎トレーニングに励むジャンプグループ　フェルナンド、マリオ、リカルド

愉しみの方が勝っていた。

　椿さんや選手たちと議論して練習方法や場所を決めて取り組んだ。いま私たちができることを妥協せずに精一杯の力を出し切ろう。その結果を謙虚に受け入れようという共通の心構えを持つことができた。私たちは32㎡の砂場に望みを賭けたのだ。

　リカルドは恥も外聞も捨て、連日黙々とトレーニングメニューと格闘した。すべてを消化し、砂にまみれた。周囲では今頃何を、と嘲笑する傍観者を無視して自分だけの世界に入り込んでいた。メディアはもう振り向きもしなかった。

陸上第一人者の意地

　2つの国際大会で叩きのめされたリカルドは3週間の厳しい再充電トレーニングをやり遂げた。南米選手権大会出発の10日前、9月11日にリマで開催されたペルー選手権大会（成人の部）に参加した。試合期でありながら実に40日ぶりの競技会だ。この目的は、過去の失敗に対するリハビリ、つまり自信回復と遠征前の体調と技術の到達点を確認することだ。従って、記録や勝敗は意識させず、トレーニングの成果と体調だけを評価することにした。当然、この競技のためにコンディション調整はしない。調整は南米選手権大会前だけと考えていた。

　砂場トレーニングでの疲労なのか、リカルドは左脚部ハムストリングに軽い筋肉痛を訴えた。競技者とは不思議なもので、記録や勝負を意識しなくてよいと言っても、経験上、本能的に闘争心が無意識に働いてしまうようだ。アドレナリンの働きも無視できない。私はリカルドの軽い筋肉痛も闘争準備による神経的な興奮状態だと分析した。といっても今その痛みが筋繊維の損傷であったら困るので、マッサージとカウンセリングでその筋肉痛を意識しなくてすむように対応した。

　大会当日、リカルドは脚の違和感を少々感じると訴えたが、痛みはないという。私は判断に迷った。この重要でもない、単なる様子見の大会で筋肉

を傷めてしまったら、長期計画で取り組んできたジュニア南米選手権大会を棒に振らなければならない。一方、40日も競技会から離れていたことからくる競技勘をここで取り戻してほしい。これらのことが逡巡し、迷った結果、自分のコーチ勘に頼って参加させることにした。ただし、試技は1本のみ。もっとも痛みさえ訴えなければ継続して競技をさせるつもりでいた。薄氷を踏む思いだが、彼の一挙手一投足を見逃さないように観察した。

競技は初日に三段跳が組まれた。入念なウォーミングアップをすませたリカルドの顔には不安の色は見えない。競技開始。助走の前にただ一言、

「心配せず、思いっきりジャンプしよう！」

観覧席から大声で伝えた。

スタート、スムーズに加速し、十分スピードに乗って踏切板を叩く。踏切1歩手前での身体の重心の移動具合も良い。今まで彼が失っていたリズムで、大変重要な要素だ。その技術が目の前で蘇ってきた。ホップ、ステップ、ジャンプと連続したリズムもブレーキがかかることなく流れ、大きな空中フォームでの着地へとつないだ。15m82。自己記録を塗り替えるペルー新記録が出た。この目の醒めるような納得できるジャンプは過去の屈辱を拭うのに十分だった。自信回復にも役立った。彼のペルー陸上界第一人者としての意地をみせつけたジャンプだ。脚の違和感のことは2人ともすっかり忘れていた。

翌日は走幅跳に参加。この種目でもリカルドは7m49をジャンプ、自己新でペルー新記録を樹立した。私たちの檜舞台である9月24日開催のジュニア南米選手権大会に向けてスタンバイ、OKサインが灯った。

16mへのこだわり

ペルー選手権大会で調子を上げてきたリカルドはチリのサンチャゴで行われたジュニア南米選手権大会において、三段跳で16m07を跳び優勝、最優秀選手に選ばれた。

　日本人の私と不可能と思える夢を掲げ長期計画を立てて4年目。13m64で少年の部南米選手権大会（2位）にデビューしてから今日まで、リカルドは16m07までたどり着き、ジュニアの部南米チャンピオンの座を射止めた。2m43cm。成長として大きいのか小さいのかわからない。いづれにしてもこの距離は私たちの実に価値のある数値だ。言葉や習慣、それに宗教など異文化をお互い認め受け入れながらの協働作業だった。私たちが夢のまた夢と思っていた目標"16m"に届いたのだ。

　私は目標を設定するにあたり、16mにこだわった。なぜなら86年にアテネで開催された第1回ジュニア世界選手権大会での結果が念頭にあったからだ。ベスト6は以下の記録だった。

1位　　16m97

2位　　16m94

3位　　16m13

4位　　16m00

5位　　15m82

6位　　15m66

　一目瞭然。今回リカルドがマークした16m07は3位と4位の間に位置する。ジュニア世界大会で上位を争う記録なのだ。残念ながら世界選手権大会は隔年開催なので今年は開催されない。リカルドは今年がジュニア最終年だ。しかし記録的にはジュニア世界レベルと戦うまでに成長した。

　88年度、リカルドは20歳になりジュニアを卒業していよいよ成人の部に入る。フリーのカテゴリーで世界レベルに到達することは不可能に近い。考えると気が遠くなる。ジュニア南米チャンピオンとなって、それからどうするのか。リマに帰って時間をかけて話し合うことにした。

オリンピック標準記録突破

　87年11月14日と15日。リカルドがチリでジュニア南米チャンピオンとなって

から1カ月ほど経った頃に“オリンピック標準記録挑戦会”が開催された。会場は中央アンデスの空気がさわやかな町ワンカーヨだ。可能性の有無は関係なしに、夢を抱く選手たちがこぞって参加した。

リカルドは南米選手権大会後も体調やジャンプの感触を維持していた。その勢いで、走幅跳で7m87、三段跳では16m72という記録をマーク。両種目ともソウルオリンピック標準記録を堂々と突破した。しかも、この記録は1987年度の記録集計結果、ジュニアの部世界ランキング2位（三段跳）と5位（走幅跳）という名誉な結果となった。

もう1人の期待の選手、フェルナンドは7m83という好記録ながら標準記録に2cm及ばず涙をのんだ。彼の無念さがひしひしと伝わってきて、かける言葉を失った。記録の世界は容赦ない、と身が引き締まった。

リカルドが南米チャンピオンとオリンピック標準記録突破という2つの目標を達成してからも、私はすべての選手の指導に明け暮れた。その中でスポーツの効果、有効性、感動、公平性など素晴らしい局面を整理したかった。

いままでコーチの役割を“指導”と一貫して表現してきたが、私の心の内では大変おこがましいと思っていた。人を導ける人材ではないと自覚しているからだ。むしろそれに当てはまる言葉はやはり協力あるいは支援だ。選手や保護者の方々も私への協力、支援を惜しみなく発揮してくれた。これこそ互助互恵の関係だ。

師走、トレーニングに埋没していた私に吉報が飛び込んできた。「協力隊を育てる会」が「OB支援プロジェクト」を開始、国際協力活動をしている事業に対して経済的援助をするというプロジェクトだ。藁をもつかみたい私は飛びついた。JICAペルー事務所に行き相談し、応募した。そして私の計画も採択され援助の対象となった。選手育成支援活動への補助だった。当時の鏑木功JICA所長の励ましの言葉は生涯忘れない。

「リカルド選手のジュニア世界ランキング2位は素晴らしい。オリンピックはカテゴリーのない成人で戦うことになるでしょうが、胸を借りて、思いっきり戦

いなさい。ペルーの青年たちに希望が芽生えるようにね」

　在任期間中だけでなく、その後の継続的な活動をも支援する事業は JICA が本気で国際人、国際協力隊員を養成していると強く感じた。すぐそばに支援者がいるのだと喜びをかみしめた。

POCの支援体制にガックリ

　11月に2種目の標準記録を突破したリカルドはペルーオリンピック委員会（POC）から代表選手に選抜された。私もリカルドを長年継続的に指導してきたコーチということで引率コーチに選ばれた。

　そして88年、オリンピックイヤーを迎えた。3月になって初めてPOCとの会合を持つ。大会までの7カ月間の準備に関する計画、それに伴う必要援助物資と予算申請が主な議案だった。私たちは最善の状態で競技会に臨めるようプランを練り、援助申請書を作成して提出した。ところが驚いたことに申請内容は全く履行されず、プランを進めることができない。

　9月13日にソウルのオリンピック選手村に到着するまでトレーニングウエア、シューズ、ビタミン等栄養剤など確約した援助物資は一切与えられず、遠征や試合計画もことごとくキャンセル、変更せざるを得なかった。

　「これがオリンピック？」

　リカルドと私は顔を見合わせて、あきれるだけだった。悲しくもなり、リカルドが哀れになった。

　「協力隊を育てる会」の「OBプロジェクト援助」で受けた予算で何とか「日本合宿」だけは確保した。ソウルのオリンピック会場に入る前の強化トレーニングをするための合宿だ。これは独自の予算なので計画どおり進めたいと考えた。同様にキューバスポーツ庁からペルースポーツ庁を通しての援助としてキューバ合宿が提供された。そこで、キューバ合宿を5月1日から3カ月間。7月下旬から50日間の日本合宿を計画したのだ。ところがオリンピック委員会から遠征のための航空券も届かない。5月になっても6月になっても

航空券はなく、7月になってようやく届いた。

　信じられない。足止めされた間のトレーニングを私たちはどのような気持ちで取り組んでいたか、POCはわかるだろうか。リカルドの精神状態も極度に落ち込み、トレーニング意欲も減退していた。結局、キューバ合宿は何と4週間に、日本合宿も1カ月に短縮となってしまった。リカルドが心身ともに立ち直り、効果的なトレーニングを実践できるか、私も自信を無くしていた。

これが私たちのオリンピックなのか

　このようなPOCの事務的不手際による混乱は実に情けない、悲しい思い出となった。

　順調に進めることができないトレーニングやリカルドの体調を心配してFPA会長を通してどれだけ催促したかわからない。そのFPA会長や役員も口をそろえて、

　「オリンピックに参加するのは君たちだから、君たちがPOCと話し合い、問題が生じてもFPAは一切介入しない」

　ここまで言うのか。私たちはさらに失望した。リカルドはどの連盟所属の代表選手なのだ。FPAが送り出すたった1人の選手ではないか。

　私は時々、何が発展で何が途上かを判断するとき、“人を想う心”、“協力する気持ちと行動”が大切な要因と思っている。それらが成熟しているか、あるいは未熟か、ということを考える。政治や経済、科学や教育を語る以前の問題だ。そう思うと、やはりペルーのスポーツ界は途上にあると判断せざるを得ない。

　リカルドと私は来る日も来る日も我を疑いながらのトレーニングで、その効果を感じられるはずがない。毎日「明日出発」を祈りながらの、とても落ち着いてトレーニングできる状態ではなかった。周囲のコーチや選手たちは、

　「まだリマにいるの」

　「ひょっとして、もう行かないのでは」

口々に冷やかされ、ふざけあう始末だ。

　外国から滞在費等の援助を受けてもその国までの旅費（航空券）等を自前で工面できない。体育庁やPOCの経済力が弱ければ弱いほど、メダル候補、上位入賞候補がいる競技団体、競技種目が当然優先される。マスコミの取り組みを考えてもごく自然な処置とはいえる。しかし、選手団の一員として選抜している以上は、同等とまでは望まないが、最低限の準備ができる援助をしてほしい。

　ペルーの陸上競技力は世界レベルは言うに及ばず、南米レベルにも遠く及ばない。標準記録を突破するのが至難の業で、オリンピックで戦う以前に標準記録という姿の見えない数字との戦いになる。例えば箱根駅伝に参加するために予選会に出て出場権を獲得しなければならないチームと同じだ。戦う舞台である目標の前に大きく立ちはだかる壁がある。おそらく多くのチーム、選手がこのような状況におかれ、オリンピックやビッグイベントで当初からメダルや入賞を考えて準備できるチーム、選手は極々わずかだろう。このような観点から、私たちは自助努力で参加する心構えが常に必要だった。これでは世界との差は縮小されることはなく、ますます開く一方だ。

　これがスポーツ途上国の現状だろう。オリンピック参加国が200カ国に膨れ上がろうとも、競技力を競う国は相変わらず常連の数カ国、あたかも先進国サミットG7やG20参加国のように。だから弱小国は次の手を考える。留学や移住だ。競技力の強化を先進国に頼り、自国で選抜選手として活躍できる道を探る。オリンピックに限らず、サッカーワールドカップ、世界陸上、バスケットボール、バレーボールなどほとんどの競技で世界レベルの競技者大移動が起こっている。スポーツの国際化なのか。

　オリンピックを純粋に人類のスポーツの祭典ととらえる場合、多くの国の参加は非常に大きな意味を持つ。独立した国が自国の経済力や競技力で選手団を編成し、世界の仲間と交流するスポーツの"祭り"は参加者に影響を及ぼし、それを自国に持ち帰る。そのお土産は多くの人に伝播していく。

選手団の中に有力な選手がいて、メダル争いに関わると、自国の宣伝効果を生み、時としてそれは国威にも発展する。いわゆるプロパガンダだ。

このようにオリンピックは国として、個人として、百人百様の参加の仕方があるようだ。役員もコーチも、そして選手も各自のスポーツ理念を持って参加し、交流してほしい。

福井県三国町で合宿

7月下旬、メキシコから日本に移動した私たちはふるさと福井県で合宿を行った。

いよいよ練習開始となった初日、競技場で健康ジョギングをする人たちから声をかけられた。その中に中学時代に私とバスケットボール大会で戦った仲間がいた。その彼が、

「綿谷君かな？久しぶりやの。なにしてるんやの？」

「この競技場を借りて合宿してるんやわ」

「なんのための合宿や？」

「今度ぉ、彼とソウルオリンピックに行くんやわ」

合宿の宿舎「夕凪荘」前にて

応援に来た谷口さん母娘と佐藤留美さん

オリンピックと聞いて、少し驚いたように、

「嘘やろ、オリンピック選手には見えんの」

彼らはリカルドのジャージやシューズをジロジロみて、

「冗談やろ。どこの選手や？」疑いを解かない。

「ペルーやけど、これが普通」

リカルドが着ていたジャージはよれよれで、シューズの両つま先、親指部分に穴が開いていた。また、1人の選手とコーチという組み合わせも貧相に見えたのだろう。彼らにそう思われても仕方がない。

　会話のやり取りが少し面倒になってきた私は、そろそろ終わるので失礼する旨を伝えた。すると彼は、

「もしよかったら、今夜家に来ん？すき焼きするよ」と誘ってくれた。

　そういえば日本に来てからまだ"すき焼き"や"寿司"を食べていなかった。私に余裕がなかった。その夜は彼の家でご家族やランナー仲間とのすき焼き激励会となり、リカルドは心温まる食事を頂いた。

　翌日、彼が地元紙に私たちのことを報告したらしく、早速、新聞記者が取材に来た。その記事が私たちへの協力の輪を広げてくれた。激励の手

福井では多くの方にご声援をいただいた

中学時代の恩師：西野先生ご夫婦

紙やスポーツ用品が宿泊所に届いたのだ。リカルドも私も予想しない贈り物に驚き、興奮して喜んだ。

「ペルーの仲間たちへのお土産にしよう」

リカルドの発案だ。

その翌日、三国町教育委員会の三浦國尚教育長を表敬訪問した。三浦教育長は福井陸上競技協会の理事長をされた方で、私の高校時代の恩師だ。私たちの来訪を非常に喜んでくださり、数日後、リカルドに28cmサイズのスパイクシューズを贈呈して頂いた。心から感謝を申し上げた。

また、多くの方に陣中見舞いをして頂いた。藤島高校の同級生で三国

高校英語教師の木村さん、バスケットボールの教え子で谷口京子さんと佐藤留美さん、中学時代の恩師の西野道雄・祥子先生ご夫妻など、みなさんご多忙の中を応援にかけつけてくれた。また、「かなづスポーツ店」の池田信義社長はシューズなどの用品をたくさん贈呈してくれた。

　9月10日、40日の合宿を終え、私たちは関係者の方々にお礼を述べて、福井を後にした。成田からソウルに向かう機内でリカルドがボソッと、

　「ペルー人なのに、ペルーからの援助はない。それに対してキューバの合宿援助、JOCVの強化支援、福井合宿での市民の援助など、こんなに親切にしてもらえて本当にありがたく嬉しかった。もう、オリンピックが終わってペルーに帰るみたいだ」

　日頃あまりしゃべらないリカルドが照れくさそうに心の内を話した。

　私は日本人として、選手たちに、暇さえあれば日本についてさまざまな話をした。彼らは日本に関する知識が増えるにしたがって日本に行ってみたいという「夢」を抱くようになった。今、リカルドは彼らの代表として日本に長

三国町での合宿練習

スパイクをプレゼントされる

期間滞在して「夢」を実現した。

　リカルドにとってもはやオリンピックは大きな存在ではなくなったのかもしれない。日本を自分の目で観て、日本人と接した経験を一刻も早く仲間たちに伝えたかったに違いない。政治や経済においてまだまだ厳しい状況におかれているペルーと経済大国といわれる日本。経済格差はあるものの、人としての心が通い合う"架け橋"が存在していることを嬉しく思った。

第3節　オリンピックの現実

予選通過なるか

　9月23日に陸上競技が開始された。

　私たちの生涯に一度の夢にまで見たオリンピックの三段跳競技が始まろうとしていた。

　成人選手の中にあってリカルドは委縮しているように見えた。ビッグイベント常連の猛者たちの中で確固たる自分の居場所を確保できないでいるようだ。目の前には世界記録保持者のウイリー・バンクスやマルコフなど実力者が助走合わせをしている。その流れに割り込んでいくだけの図太さに欠けるリカルド。戦いの場では、たとえ相手が世界記録保持者であろうと憧れの選手であろうと、同じ舞台で競い合う相手であることを忘れてはならない。それは自分が競技者であることを忘れることになる。案の定リカルドは十分な助走合わせができないまま競技を開始した。

　2本連続してスパイクピン1本のファール。踏切への入りのピッチが上がらない。最後の一歩が間延びして踏切板を越えてしまう。窮地に追い込まれた。記録的には16m70前後のジャンプをしているので予選通過可能なラインにいる。最後の跳躍。記録を残さなければならない思いが強かったのだろう、助走にスピードが乗らず、足を合わせにいった。結局、平凡な記録に終わり予選敗退した。決勝での8位の記録は16m72。数字だけで判断すれば一緒に戦わせてもらえる記録を持っているリカルドだが、なにぶん、ハ

イレベルで戦う、あるいは世界のトップ選手と同じピットで戦う経験が少なかった。とても太刀打ちできない厳しい世界をまざまざと見せつけられた。日本記録保持者で17mジャンパーの山下訓史選手は決勝に進んだが15m62で12位という結果だった。

　翌日の走幅跳でも同様の洗礼を受けた。ルイス、パウエル、マイリックなどを前にして身動きができなくなるリカルドがいた。百戦錬磨とまでいかなくともハイレベル競技で経験を積み度胸を身につけなければ同等に戦えないことを教えられた。この競技も決勝8位の選手が7m89だったので、戦う仲間に入れてもらえる記録（7m87）は持っていた。ここはやはりオリンピックの舞台だった。

　まだまだ大きな大会での経験が足りなかった。予想はしていたものの、この結果を真摯に受け止め、お土産として帰国しなければならない。ペルーの仲間たちに様子を伝えるために。

　でもそれよりももっと大きいお土産があった。やはり一流の選手たちとの出会いだ。挨拶の言葉を交わし、立ち話を少々した程度だが、彼らの存在には圧倒された。よくオーラが見えるというが、まさしく彼らの存在そのものがチャンピオンなのだ。彼らの目の中に燃える魂が見える。感じると表現した方がいいだろうか。スポーツ選手がここまで精進できるのか、と驚嘆するばかりだ。刀鍛冶、陶芸、茶道、華道などといった道に卓越した、超人的に極めた人がいるのを見聞するが、陸上競技の選手の中にもそれに匹敵する人物がいることを知った。

　その1人がウイリー・バンクス選手だった。彼は日本文化に傾倒しその極意を知るため、会得するために何度も来日したという。競技には日の丸の鉢巻きをすることでも有名な選手だ。真の侍の心得を知りたい、と強調していた。この言葉に改めて気づかされたのだが、日本人の私がペルーの青少年になぜもっとしっかりと日本文化を紹介しなかったのか、伝達しなかったのか、悔やんだ瞬間でもあった。今からでも遅くはない、ペルーにいる仲間た

ちに、今気づいたこと、そして、少なからず紹介できる日本文化を伝えようと心に決めた。

2021年に開催された東京オリンピックの日本人選手の中にもウイリー・バンクスの目を持った選手がいた。柔道の大野将平選手などだ。そして、この本を書いている今、ちょうどサッカーワールドカップやワールドクラシックベースボールが開催されたが、その中の日本人選手の目がウイリー・バンクスの目になってきているのを発見した。一

ウイリー・バンクス選手（左）と

戦一戦より明らかに極意の目に変化しているのを感じ、喜びと共にスポーツのもつ真の意味を、奥深さを再認識できたように感じた。"選手の目に魂が存在してくる"のを。見たことも接したこともない"剣豪"のように。

2人、落人のごとく

　リカルドと2人、リマのホルヘ・チャベス国際空港に着いたのは9月30日（金）午前7時50分だった。92日振りの帰国になぜか"ほっ"とした。事故もなく、無事引率を完了したという安堵だ。東京国際空港とは異質なものがよぎった。

　早速イミグレーションで入国手続きを終え、運び出されてくるスーツケースをケージ・ゲートで待つ。ところがリカルドのスーツケースがいつまでも出てこない。直ちに付近の係官に紛失届をする。嫌な予感がする。いろいろと口論をした挙句、次の便で到着するのを期待してアドアナ（税関）に移動した。荷物のチェックを受け、いよいよ迎えの仲間が待つ出口へ行こうとした

とき、税関員の嫌がらせが始まった。

「そこの赤いスポーツウェアーとシューズを譲ってくれないか」

いかにも譲らなければここを通さない、とばかりの言いようだ。話す顔がゆがみ、下心が丸見えの笑みが覗く。彼らの魂胆を既に見通していた私は間髪を入れず、

「冗談じゃない。あなた方にプレゼントできる品物なんて1つもない」

かなり強い調子で言い返した。なにかをせしめないと収まりがつかなくなった彼らは3人がかりで私のスーツケースをひっくり返し始めた。そして、

「この品物は持ち込み禁止だ。こちらの品は課税対象になるからここを通過させるわけにいかない」

「でも、なにかプレゼントしてくれるなら、少々のことは目をつむってもいいのだが」

全身の血がドクドクと音を立てながら頭めがけて上昇してくる。顔が徐々に火照ってくる。"何と情けない。大のおとなが青年の目の前で"と心の中で怒りながらも、やっとの思いで理性を働かせ、自分を落ち着かせた。

「私たちは今オリンピックから帰ってきたばかりです。ペルーの国を代表して参加してきたのですよ。その私たちから何を巻き上げたら気がすむのですか」

「いや～、最近経済状況がますます悪くなってきて、わしらの安月給じゃ子どもに何も買ってやれんのよ。あんた方は国の金で、税金でどこでも旅行ができていい身分だね。そこでなんでも好きな物を買える。あ、そこのシューズ、ちょうど息子に合いそうだ」

「あなた方だけが貧しく、苦しいわけじゃないでしょう。それを今私たちに当たるのはお門違いだ。いくらペルーの経済状況が悪くなっても、人としてのモラルまで低下することはよくありません。ましてやあなた方はペルーの空の玄関で働いているのですよ」

さすがに弱いものからせしめるのに慣れている税関員も私の迫力と怒り

に圧倒されたのか、退散した。荷物運搬員に目で合図してスーツケースを締めさせた。

　このやりとりを演じている間、出口に群がっていた出迎えの人々は事の成り行きを固唾をのんで見守っていたそうだ。迎えに来ていたフェルナンドは私たちが彼らの言いなりにならなかったことに目で喜びを表現していた。見ている人はそれが悪い行為だとわかっていても面倒には関わりたくない。

　この群衆の中に顔見知りの記者がいた。ラジオ・プログラマの記者で、出口で私たちを捕まえるやいなや終わったばかりの一部始終について、質問と同時に実況放送を始めた。

フェルナンドからの手紙

　1964年11月26日生まれのフェルナンド・バリエンテくん。共にジャンプで競技し、トレーニングした、とても大切な教え子の1人です。多くの選手たちのリーダーとして彼の存在は貴重で、国際協力活動をする外国人（日本人）にとってなくてはならないパートナーでもありました。その彼からコメントが届いたので掲載させていただきました。

　1980年、私は15歳の時にペルー国家警察将軍に勧められて陸上競技に取り組むという、新しい人生を始めました。エルナン・アルサモラ・ガルシア将軍は現役時代に陸上競技選手として多くの成功を収め情熱を注いだ人でした。

　彼はアスレチック・アカデミーで子どもたちを指導しており、私の最初のコーチでした。

　ピウラという町で活動していましたが、そこは首都リマから1,000km北に位置するところです。その年、アルサモラ将軍はリマに転属しました。この出来事は私にとって大変悲しいことでした。コーチ不在で残されてしまったからです。私は高校4年生で、卒業まであと1年でした。

卒業したら首都リマに行き、専門課程を学び、スポーツに励むことができると思っていました。

　その頃、アルサモラ将軍はペルー陸上競技連盟の会長に選出されました。そして、同じ頃、日本とペルーで政府間協力協定が締結され、この協定（JICA）にはスポーツ分野が含まれていました。

　1981年、アキラ・ワタヤという日本人コーチがピウラに来ました。それは連盟会長の配慮でした。そのとき、トルヒーヨの素晴らしい選手テレサ・ガノザも同行して集中トレーニングに参加していました。集中トレーニングは幸運にも私の学校で開催され、スペイン語がうまくない外国人コーチと会いました。

　アキラ先生は私たちに陸上競技のテクニックを教えました。その内容は私が陸上競技練習を継続する動機づけになりました。私は身長186cmなのですが、アキラは170cmしかない。にもかかわらず、猫みたいにジャンプをし、眩惑しそうなランニング技術は私や仲間たちも驚きました。私はテレサに"なぜ自分は運がなかったのか"と言いました。私もテレサのようにアキラと巡回指導に連れて行ってほしかった、陸上競技について多くの新しいことを学びたいと言いました。

　高校を卒業して私はリマに行きました。専門課程を学ぶことと、アキラと再会するためで、この時から私の生活は変化しました。100％陸上競技のトレーニングに専念しました。アキラと一緒に責任とはなにか、犠牲と努力を理解し、世界の模範となる文化、日本の哲学を少なからず理解しました。犠牲なくして目標の達成はないということを理解しました。

　トレーニングは本当に大変でしたが、その後には必ず何か新しいことを学ぶことができました。そして、心身ともに強化されていると感じ、夢を追い続ける気持ちも強くなりました。また、アキラが常に言う「陸上競技で主となるのはテクニック」。身長の低い人でも素晴らしいジャンプをすることができるということを理解しました。それゆえに私に多くの反復

練習を課したことを理解しました。

　アキラと一緒にすべてに報酬があることを学びました。彼は私に"努力は報われる（果報は寝て待て）"とペルーの格言を言いました。つまり彼は私に、通常の準備期間に一生懸命トレーニングをしなさい、その結果、記録は自ずとついてくる、すべての大会に容易に選抜されると言いたかったのです。

　アキラは私が両親から受けた価値観を強くした人でした。また、アキラはトレーニングや陸上競技についての解説、人生についての対話を通して到達した私の人生の非常に重要な部分を占めています。それは犠牲、信頼、正義、忍耐力、時間厳守、そして人への敬意が伴って成し遂げられるということを理解させてくれました。

　ありがとう。今、私はあなたの教えで選手たちを指導しています。私の選手たちが自分の夢、目標を達成すべく指導を継続することができています。私はアスリートとして、そして今コーチとして私のすべての成果に感謝しています。

　素晴らしい友人でいてくれてありがとう。私の家族への支援、弟リカルドのオリンピアンへの夢の実現に感謝します。ペルー陸上競技の変革、あなたのトレーニングで多くのチャンピオンを輩出したこと、ペルーに提供したすべてのことに、そして、私の道程に存在したすべてのことに対して、神と共に感謝し続けます。

　アリガト　センセイ

　こころからの抱擁を

待っていたのはまさかの減俸

　帰国した翌日、私は7月分から未受領になっていた月給を受け取りにスポーツ庁に出かけた。149,750インティ（通貨単位）の小切手を受け取る。

月給は500USドルだ。スポーツ庁は毎月62,500インティを支払う。その小切手を持ってナショナル銀行に行き、ドル小切手に替える。次にそのドル小切手を外国為替課に持っていき、USAドル現金化の手続きをするのだ。その際、事前にドル購入手続きを終え、その証明書を持っていなければ換金できない。その手続きに最低1週間を要する。

　銀行では各種記入用紙の作成や担当者のサインを得るのに1、2時間忍耐強く待たなければならない。書類の流れは日本でも同じかも知れない。そして、ようやく現金ドルを受け取れる。外貨の少ない国ではこのように厳重なコントロールをしなくてはならない。政府公定外国為替レートが1ドル125インティだったので、500ドルになる計算だ。

　私はこの時、7月と8月の2カ月分の月給と7月の独立記念日に支給されるボーナス24,750インティを受けたことになる。そこで、スポーツ庁国際課のフローラ秘書にドル購入の手続き依頼をすると、

　「インフレと政府の外貨獲得政策のために、いまは誰もドルを購入することはできなくなった」

　と愛想もなく言う。だからその手続きはもう取り扱っていないと付け加えた。

　「そんなバカな、ちょっと待ってください」

　唖然として立ちつくしている私に、彼女は追い打ちをかけるように、

　「プロフェソール・アキラ、スポーツ庁は予算の都合上、外国人コーチを12月末で全員契約解除または減俸する方向を決定しましたよ」

　政府の経済的混乱ぶりはソウルの選手村でペルー選手団の役員たちから聞いていた。私は7月に遠征に出たので知らなかったのだが、9月にソウル入りした役員たちはそのことを把握していた。7月から8月に方針が急変したらしい。

　この通告は衝撃だった。つまり、7月の段階で1ドル125インティだったのが400インティと暴落。今まで500ドル、62,500インティ分の月給が、ドルでもらえず、インティ払い。62,500インティは156.25ドルにしかならないのだ。な

んと343.75ドルの減俸という結果になってしまった。

「冗談じゃない。もう10月なのに9月分の給与すら受けてない。このままインフレが続けば、12月には消滅する」

独り言を言う私を秘書は気の毒そうに見ているだけ。ここで問答しても政府の決定事項がひっくり返るわけでもない。

「こりゃ、遠征やオリンピックに行っている間に大変なことになってしまったなぁ」

ソウルの選手村で聞いたことが現実となると悪寒を感じざるを得なかった。その半月後、インティは1ドル550インティにまで暴落。月給は114ドルへと低迷の一途をたどる。来年1月から解雇もしくは減俸ということだが、減俸は7月から始まっていたのも同然で、まだ受け取っていない9月給与は100ドルを切るのではという状況だった。

ペルーのインフレは年を追って、さらには月を追って膨れ上がっていることは、なにも昨日今日のことではない。80年に初めて赴任した時以来の付き合い、悲しい付き合いなのだ。それでもドルを購入できなくなったのは今回が初めてだ。とうとう自分の前途、将来を深刻に考えなければならない状況になってしまった。

スポーツ庁との契約期間は翌89年12月までであった。しかしこれでは経済的に安心して生活できそうもない。今までボランティア精神で経済的に苦しくてもアルバイトをしながらなんとかやりくりしてきたが、今回はさすがに限界を感じた。インティ払いの契約はとても受理できない。9月の未払いを含めて、とても意欲的に働く気力が湧いてこない。贅沢な生活を望まず、ボランティア精神で活動したいと思っても、目の前に光は射さない。

一方、選手たちは1月にベネズエラで開催されるボリバリアノ大会に向けて十分な指導を受けたいと言う。当然だ。数人のメダル候補は真剣そのものだった。協力活動を継続するかいなかを悩む2人の私が問答し合った。「彼らと共に戦い、次のバルセロナ・オリンピックまで続けるか」リカルドはま

だ20歳。次の大会が本領を発揮できる年になる。誰もが判っている。一方「いやいや、いままで十分すぎる奉仕活動をしてきたではないか、これからはペルーを離れて別の道を歩もう」問答は尽きず、逡巡した。

再び失業の憂き目に

　最終的に私は10月末日をもって辞職することを決めた。国が経済的な困窮に陥っているならば、できるところから始めるのは当然だろう。その1つとして、外国人コーチの減俸や解雇は必要不可欠だとも思う。もはや私がいなくても指導できるコーチが育たなければならない。コーチ育成も私の重要な任務だった。幸いアウグストなど数人の若手コーチが逞しく育っていた。また、選手も20歳代後半から30歳代となった者もいて、後輩を指導する力を充分身につけてきていた。ロナルドやフェルナンドがそうだ。私の手から離れ、自助努力して進むことをみんなで話し合うことにした。

　スポーツ庁は私に妥協策を提示して慰留を促した。しかし、私の決心は強く、

　「無理は禁物。時が悪い。悪すぎる」

　と自分に言い聞かせて辞表を提出した。スポーツ庁は残念と思ってくれたのだろうか、私に対する感謝と誠意を示すためか、12月末までの契約として、インフレで額面がゼロに近づいた月給もすべて支払ってくれた。

　89年1月1日。38歳と5カ月でまたしても失業した。

　よくここまで歩んできたな、と思う。なにが自分を突き動かしたのだろう。どちらかというと腹立たしい、残念な出来事が多かったように思う。時間やエネルギーの使い方として有意義ではないと何度思ったかわからない。「疑問」「苦悩」「葛藤」「貧困」「挑戦」「創造」などの繰り返しだったように思う。その思いと同時に「休職」「復職」「退職」「失業」「再就職」「再失業」という進退も重なっていた。

　前述と重なるが、80年7月に12年続いた軍事政権が倒れ、それを引き

継いだベラウンデ大統領率いるアクション・ポプラール党の5年間の政治。続くガルシア大統領率いるアプラ党の3年の政治をもってしても、いまだに経済が回復に向かわない。むしろ悪化している。それほど困難で厄介なのがラテンアメリカの政治経済であり、ペルー共和国なのだろう。

　このような内情を抱えた国でスポーツ協力をしてきた。私がスポーツ庁を去るのはスポーツ関係者の問題ではなく、もっと大きい問題が覆いかぶさっていると思うからだ。協力隊時代からずっとこの事情を念頭においていた。あの初出勤、失業劇以来。それ故、ペルー人に責任はなく、ペルー国も悪くない、と念じるように仕事をしてきた。そうすると逆にペルー人やペルーという国が大好きになった。当然だ。大好きな教え子やその保護者はみなペルー人なのだから。

　後に青年海外協力隊の事務局長をされた青木盛久元ペルー大使。97年4月22日、在ペルー日本大使館襲撃事件時の大使なのだが、その青木大使が著書に『されど我ペルーを愛す』と冠している。もちろん私は青木大使の境地には全く及ばないが、自分なりの経験で私もペルーを愛する気持ちを抱いている。青木大使が事務局長として長崎をご訪問され、長崎県協力隊OB会の数人と会食された際、私の名前や活動までも知っておられたことに驚いた。

| コラム③ | リカルドが獲得した切符の重さ／オリンピックは青少年を変えたか？ |

　モスクワ・オリンピックの年、80年に協力隊FPA（ペルー陸上競技連盟）コーチとして赴任した。そこでまず目に映ったのが青少年のすさんだ姿だった。悲しかった。その姿を見て「ここで自分は何ができるのだろう。何を目標として活動をしたら、有意義な協力隊活動になるのだろうか」と考えた。その時浮かんだのが"オリンピック"だった。

　次の、あるいはその次のオリンピックに参加できる選手を育成する。

多くの青少年とオリンピック参加を合言葉に活動してはどうだろうか。仮に1人も参加できなくても、目標を掲げて一丸となって、一緒に汗をかき努力することに意義があると思った。大切なのは結果だけではなく、そのプロセスだと。

　青少年がもてあます時間がスポーツに、陸上競技に打ち込む時間になればいい。青少年にとって、さまざまな誘惑や悪が潜んでいる街中で過ごす時間をスポーツに転換させたい。そのためには、彼らが魅力や楽しみを感じるトレーニングの場を提供しなければならない。スポーツでの自分の居場所づくりや自分の可能性の追求など、肯定的な歩みにつながる内容を共有したいと思った。この考えを基盤として協力隊活動を開始した。

　みんなの「目標」「夢」が8年後のソウルオリンピックで実現した。選手たちが一丸となって1枚の切符を獲得した。その1枚をリカルドにプレゼントしたのだ。みんなでリカルドを祝福し、一人ひとりお互いを祝福した。1人での参加であってもリカルドの心にはみんなの心が同居していた。

　オリンピック後、帰国した私は一人の時間を持った。「今までのペルーでの活動は自分にとって何なのか」、反省するとともに「オリンピックは私にとって何だったのか」を整理したかった。先に述べたように協力隊活動としての目標は、選手たちみんなでオリンピックを目指して汗を流す、それが青少年の健全育成につながるように、という願いだった。でも、それだけでは私自身のオリンピックは何だったのかという問いには答えていない。

　私は、大学時代や教員時代に、体育史の中でのオリンピックを時々考えた。いや、オリンピックが開催されるたびに考えたといった方がいい。クーベルタン男爵が提唱した近代オリンピックが幕開けして、日本は世界と、ヨーロッパと足並みを揃えるように参加した。当初、参加国

が少なかったといえども、日本選手の活躍は少人数ながら顕著なものがあった。近代オリンピック黎明期の日本陸上競技界のメダリストたちは何を考え、何のためのオリンピックとして受け止めていたのだろうか。

　それは時代背景や個人の思想、哲学の相違などで異なるだろう。そしてそれはクーベルタン男爵が考えていたところのオリンピックと合致していたのかどうか。「参加することに意義がある」と謳って始まった世界のスポーツの祭典だが、発展・進化してきた現状は男爵が未来構想したものだったのか、それとも枝分かれして予期せぬ方向へと成長してきているのか、その時の関係者の意図でどちらにでも方向転換する魔物化してしまったかもしれない。

第7章

任期を終えて

心は一貫して協力隊員

ソウルオリンピックを終え、1988年9月30日にソウルからペルーに帰国した私は、残り1年3カ月の契約期間を3カ月に改正してもらい、それからの1年を自分一人の時間としてペルーで過ごしたかった。ペルー生活延べ10年間の最後の8カ月をチリとの国境に近い漁村で過ごした。小さなプエブロ（町）イロだ。これまで携わってきた仕事についての報告書を作成すること、その報告書をペルーの体育教師や陸上コーチに贈りたかった。

今こそペルーの指導者が自らの手で、自らの組織、自らの予算で選手育成を担っていかなければならない。私は一外国人として、青年海外協力隊、JICAや国際交流基金など日本の援助を受けて国際協力を進めてきた。素晴らしい有意義な技術支援の機会を得た。この活動を展開するにあたり、外国人コーチが何を考え、何を感じ、何のためにペルー国内を飛び廻ったのか。この頃は選手指導もさることながら"日本の技術支援"をペルーの国内に伝えてきたと思っていた。これからはペルー人指導者が青少年に技術支援を自ら行い、汗を流す。このことを伝え、受け継いでもらわなければ2カ国間の"技術支援""技術移転"の国際協力が完結しないからだ。

私は協力隊の任期を満了してからもペルーでの活動は協力隊精神による継続活動と位置付けていた。国際交流基金のスポーツ専門家時代もペルー体育庁との個人契約雇用時代も、一貫して心は協力隊員だった。これを貫き通して"まとめ"をしたかった。

チリとの国境から100km程のモケグア州イロという漁村での生活が89年1月から始まった。教え子のフェリックス・イナダやマリア・ソリスの出身地だ。私のたくさんいる教え子たちの中で最も貧しい、厳しい生活を子ども時代に送ったという土地を選んだ。リマでの生活は何の不自由もなく日本での生活並みの状態だった。地方巡回で滞在した町も州政府所在地だったのでリマとさほど変わらない生活ができた。しかし、ここイロは陸の孤島、田舎だっ

た。一軒家の一階1DKを借りて自炊生活。寝る部屋とダイニングだけ。畳一枚位の広さの中にシャワーとトイレがある。

報告書作成の作業開始。水道からの給水は1日に3回、食事の時間帯にそれぞれ1時間提供される。バケツを3つ用意して水を溜める。飲料用、炊事用、バス・トイレ用にと区別する。飲料用が余れば他で併用する。

水問題と併せて不自由なのが電気だ。日没前の薄暗くなってから22時までの提供だ。途中停電は珍しくなく、何度も作業を中断させられる。このような状況だから、夜間に電気が必要な人は自家発電機を備えて対処する。ほとんどの町民はそこまではせず、日の出から日没までの自然の恵みで生活する。私は当初ロウソクを使って作業時間を補ったが、すぐに町民の皆さんと同じく自然の恵み、陽の光を頼りに生活した。真っ暗になる夜がくる町での生活だ。

このような暮らしは特に珍しくはない。アマゾン地方、アンデス地方や砂漠地方でも主要都市から一歩郊外に出るとこのような生活様式になる。また、水や電気も、時間配給がある所はまだ恵まれている。生活に必要な基本的エネルギーがない地域で生活を余儀なくされている人は世界各地に多く存在することは周知のとおりだ。日本でもつい最近までそのような生活環境だったのではないか。それが不自由だったか、今が便利なのかはわからない。

少女ミランダに起きたこと

イロはサトウキビやオリーブ、それに、少々の野菜を収穫する農民や近海で漁をする人、外資系の銅精錬所で工員として働く人、小規模商業を営む人たちが村の主な構成員だ。

イロで生活して1カ月程たった時、ミランダという25歳の女性と知り合った。というより母親が私を訪ねて彼女の話をしたのだ。そのころ私は報告書作成と、時折、村の子どもたちとかけっこをして遊び、筋肉痛や関節炎で悩ん

でいる村人をボランティアでマッサージを施していた。それを人伝えに聞いた母親が私の下宿先に訪ねて来たのだ。

　母親が言うには、ミランダは15歳の時に大きなオリーブの木から転落して背中を強打、それ以来徐々に身体の機能を失っていった。手や足に麻痺がおこり不自由に、ついには立てなくなり、歩行も困難になったとのこと。私がミランダを初めて観たときは首から上を除いて全身不随だった。手も足も上体も顔も全く動かせない、ただ目と口だけを動かせる姿だった。美しい顔立ちで知的な会話をする女性というのが第一印象だった。

　母娘は地区の教会に寄せられた浄財を何度も受けてリマや南米の評判の良いクリニックで治療を受けたが病状は改善に向かわなかった。結局状態は進行するばかりで、今の状態に帰結した、と涙ながらに話す。そして、私に治療をしてほしいと懇願したのだ。藁をもすがる思いだという。勿論話を聞いて同情した。しかし、

　「私には無理です。とても手に負えません」と丁寧に断った。母親は、

　「治らなくてもいいのです。オリンピック選手を育てたあなたが今この村に滞在していると聞いて、私の娘の身体もあなたの手で診てほしいのです。今まですべきことはすべてしてきたので、良くならなくても受け入れます」

　これだけのことを言われたら断るわけにはいかなくなってしまった。

　「では私なりにできることをしてみます」

　協力隊スピリッツがジワーっと心の底から湧き、目に見えぬ"ご縁"を感じた。私は毎日訪問し、一日に一時間、全身マッサージと脊椎矯正を試みた。石原流施術だ。マッサージをしながらさまざまなことを話した。日本の文化、協力隊事業やペルー国内を巡回したこと、会話できることが唯一の救いだった。第一印象どおり彼女はとても聡明で、会話も明快で楽しく盛り上がり、目が輝いてきた。

　ベッドに横臥状態のミランダは、驚くほどにどんどん明るくなり、冗談までとばして笑いこけるほどになった。その様子を見て母親はいつも涙ぐんだ。あ

る日、いつものように訪問し、マッサージを始めようとした。私が握手をと手を出すと、今まで挙がらなかった彼女の右手がスッと私の方に挙がったのだ。幇助なしでの握手。驚き"ブラボー"と叫んだ。彼女の驚きはそれ以上で「マミー！」と何回も叫ぶ。母親が何事かととんできて、状況を聞くと「もう一度」と促す。私たちは二度も三度も同じように握手を交わし、喜びをかみしめた。

その後、脊椎矯正の効果が現れたのか、横臥だけの状態から、上体を起こしベッド上で座位ができるようになり、3カ月が経過した頃はベッドでの座位から立ち上がり、立位姿勢をとれるようになった。自分の2本の足で立った。10年振りの立位だ。その後、立位から一歩前に足を踏み出すことまで改善した。不安定な立位で片手を支える幇助が必要な状態だが。この情報を聞いた村人たちは「ミラグロ（奇跡）」と涙した。私も、そしてミランダ母娘も。

この施術騒動で報告書作成が大幅に遅れた。でも、大切なことを学ぶことができた。それは、スポーツを通して青少年の健全育成を推進したいという思いで活動してきた私だが、今回のように、スポーツをしたくてもできない人、できる環境でない人に対してどのような協力ができるのかを考えさせられたのだ。背骨やその周辺が痣だらけになった彼女の背中が教えてくれた。

京都の石原輝夫先生から整体術を学んだ私がペルーの片田舎イロに来てミランダと出会い、"奇跡"と称賛された現象を体験したのだ。

スポーツ隊員の活動意義とは

89年8月13日、計画より4カ月早く帰国した。

協力隊事務局を訪問して今までの多くの支援に感謝した。そして、駒ケ根訓練所に訓練協力員として配属された。たった2年間の協力隊活動、しかもそれから10年が経過しているにもかかわらず、私を採用してくれた。私へのJOCV援助は幾度とあり、感謝に堪えない。

　駒ケ根訓練所は見違えるほど変化していた。堂々とした棟が落ち着いた雰囲気を醸し出し、ゲート付近は背が高くなった樹々が生い茂り我々卒業生を優しく受け入れてくれる様相があった。人気のない玄関で声高に訪問を告げる。返事がない。それもそのはず、8月15日、お盆で終戦記念日。訓練所には訓練生も職員もいない。誰か宿直の人がいるだろうともう一度大きな声で訪問を告げる。すると後方から、

　「綿谷君かね。いらっしゃい」

と声をかけながら近づく人がいた。渡部所長だ。満面笑みを浮かべて歓迎してくれた。笑顔が素敵な人だ。お盆で訓練所は休日。

　「私が1人当番を引き受けて残った。綿谷君が来ることも聞いていたからね」

と説明しながら応接室に案内された。簡単に訓練協力員としての仕事を説明され、

　「詳しいことは明日、木村次長が行います」

と言い、立ち上がり、君はテニスをしますか。少し汗をかきましょう、とコートに誘ってくれた。私の駒ケ根訓練所での初日だ。

　訓練生と接し始めて、自分の経験を振り返る機会が多くあった。特にスポーツ隊員の活動意義はなにか、という問いに悩む。協力隊の派遣業種の始まりは主に一次産業への協力、支援だった。徐々に職種が多岐にわたり、教育、スポーツ分野も要請される。事務局がその分野を開発したのか、相手国の要請なのか、今日ではほとんどの相手国がスポーツ隊員を要請している。

　協力隊のイメージとしては人の生活基盤である衣食住を支援する隊員だろう。安心安全な、基本的な生活を営むための分野だ。だが、それを実践、改善していくには教育が必要となる。識字率問題や教育の機会を得られない国に教育隊員は必要とされる。その中で、さらに人としての"こころ"の協力が求められる。生活環境が整っても心が満たされない何かが不足し

ているとしたら、その1つは"あそび"、つまり"スポーツ"ではないか。

　人は人となる前から身体運動は欠かせない。身体運動による筋肉活動は人の諸器官を円滑に機能させるのに役立つ。"あそび"はそのために生まれた自然の行動。その"あそび"は徐々に体系化して楽しむようになる。ルールを決めて、複雑にはなるが、より興味深い楽しい"あそび"、スポーツへと発展する。そう考えると"あそび"は生活基盤である衣食住と同様に扱うべき"要因"となる。スポーツへの取り組み方は多様だが、その国、その人に応じたスポーツ協力を推進できれば、有意義な職種になる。単なる勝敗、競技レベルの向上を支援するスポーツ隊員ではなく、その国の人々の健康促進、心の安定という人の基本的な営みへの協力に意味がある。このことを基盤としたスポーツ隊員育成が必要なのではないか。

　スポーツは感動を与え、希望に向かう精神を育て、ルールを守る道徳性を考えさせ、協働する場を提供する。スポーツは誰にでも行うことができる、いや、人は生命保持のためにスポーツ（運動）をしなければならないのだ。それを担うのがスポーツ協力隊員だ。

駒ケ根訓練所の語学の先生たち

駒ケ根訓練所での野外活動

女子大で国際協力に献身

　90年4月1日付で長崎市の活水女子大学国際交流課に勤務した。国際交流は勿論、国際協力に関する講演会など、学生や一般市民も参加できる企画を担当した。「国際協力講座」や「開発教育を知る」などのイベントを開催して、学生が接する機会が少ないテーマを提供し、地域の皆さんにも参加頂いた。

　業務の1つとして、交換留学生協定を締結するためにアメリカ合衆国ノース・キャロライナにあるランドルフ・メイコン女子大学を山本昂学長や山本勇次国際交流委員長と共に出張した。調印式や歓迎レセプションに参加。相手参加者の中にはスペイン語を話す方も多く、ペルー時代の経験が大いに役立った。"ツナミ"の著者で知られるパール・バックさんがこの大学出身ということを知り、当時の足跡や執筆の背景を調べたところ、小浜市の温泉旅館に長期滞在して冨津という漁村に足を運んで執筆していたことが判明。そこで宿泊先だった旅館を訪ね、宿帳としてサインした色紙を探し当てて学長さんへのお土産として贈呈した。大学の大変貴重な資料になると喜ばれ、それを通して両校の絆がさらに深くなった。過去の経験が現在や未

活水女子大学国際交流クラブの学生と

来に生きる、ということを実感した瞬間だった。

　もう1つの協定校は上海外国語大学だ。やはり協定調印に関する業務を担当して、上海からの教員招聘（しょうへい）と本学生の中国研修旅行を企画、引率した。この広大な中国の史跡を巡る業務ではペルーでの地方巡回経験が大いに役立った。

　また、音楽学部の先生方とは国際交流基金の支援を受けて演奏旅行を実施。ボリビアのサンタ・クルスとサン・ファンという日系人、特に、長崎県人が多く住む町へ遠征しての国際交流だ。声楽の神崎雅一先生、永吉美恵子先生、ピアノ演奏の吉田雅子先生と三上次郎先生の4人構成で、私は引率をさせて頂いた。現地の公民館で演奏会を実施、会場は満席、故郷を想う高齢者たちの涙、歓喜する若者たち、鳥肌が立つほどの歓迎ぶりに涙した。

　実はこのサンタ・クルスのJICAボリビア事務所支所で調整員として在職していたのがあの椿さんだ。彼に受入支援をお願いしてこの企画は実現した。二人三脚は陸上競技だけではなかった。サン・ファンにはピアノがなく、雨上がりのぬかるんだでこぼこ道をサンタ・クルスから普通トラックで運搬し

4人の先生の心こもった歌とピアノが響き渡る

サンタ・クルスのオーケストラメンバーと交流

たのが懐かしい。

石原流整体術

　女子大に5年半勤務した後、整体院を開いた。95年10月のことだ。82年9月、世界バレーボール選手権大会の折ペルーで知り合った全日本女子チームドクターの石原輝夫整骨院院長から選手の身体管理や施術を教え

177

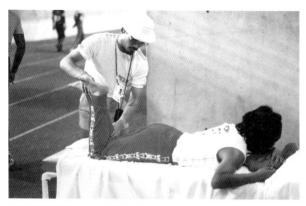

アップ場で石原流のマッサージを施術する

て頂き、将来自分の本業にできたらと密かに考えていた。ペルーでの陸上
競技指導は主にエリート教育・育成が中心の活動だったので、将来、機
会があれば一般住民の方を対象として、自分の知識や技術が役に立つ仕
事をしたいという思いがあった。ペルーのモケグア州イロでの少女の奇跡で
も紹介したが、石原先生との出会いは私の27年間に及ぶ整体業へとつな
がった。

　私が整体で取り組みたかった具体的な活動は、スポーツ愛好家・選手
のスポーツ障害への対応と支援。この領域はNPO法人非営利活動として
対応した。そして、腰痛・筋肉痛・関節痛などで悩む一般の方への対応
は営利活動として実施した。2022年5月に閉院したが、この27年間の仕
事も協力隊活動という基盤なくしては成し得なかった生き方だ。石原流整体
術は私の唯一の弟子、森淳一君が継承している。

　55歳の時、時津小学校陸上クラブのコーチを依頼された。陸上競技の
基本を指導する生涯コーチを目指そうと思い引き受けた。いままで実践して
きたことを自分なりに一貫性をもたせたいとも思った。指導を受ける対象者の
年齢や経験、彼らが掲げる目標がそれぞれ違っても私の指導内容はペ

ルー時代と変わらず、彼らに向ける情熱も同じように提供できると思った。そして、子どもたちに活動するメッセージとして「風のように楽しく走ろう」を提案し、みんなでそれぞれの風を目指した。

走ることが好きで楽しくてたまらない子どもたちがたくさん集まった。多い時期は80人を超え、小学校2学級分の人数になった。子どもたちはそれぞれさまざまな能力を持っている。チームをけん引する子、声をかけて雰囲気を盛り上げる子、グラウンドを整備する子、などみんなが一人一役できるメンバーだ。だから指導はとてもスムーズで愉快に展開した。その中の数人は県のチャンピオンとなり、全国大会に参加した。ここでもペルーと同じくみんなで楽しく、協力して取り組む、みんなのチームであり、みんなの全国大会だった。

私自身子どもたちからかけがえのない喜びをもらった。彼らの成長だ。私がいつも投げかけた言葉は「自分を高められる人。挑戦し夢をかなえられる人を目指そう」だ。社会人になり、家族や仲間と協力し、感謝して生きる青年になることを願った。この理念もペルー協力隊時代と何ら変わっていない。子どもたちの成長した姿を毎年成人式で見るのが楽しみだ。

時津陸上クラブ

一方、自分自身も一人のロートル選手として陸上競技をどこまで楽しめるか、マスターズ陸上に挑戦している。60歳以上の部と65歳以上の部において混成5種競技で優勝、日本記録を樹立した。

九州開発教育研究会を設立

生活する地域では、57歳の時に町の教育委員を拝命した。町長が議会の同意を得て任命するもので、職務は町の教育行政の基本方針や重要事項を審議、決定することだ。教育委員を3期12年間務めた。その間、国際理解教育の分野を啓発したく、町内の小中学校で「日本の国際協力」「ブルキナファソの民族音楽」などをテーマとした講演会や演奏会を開催、2015年には「青年海外協力隊50周年記念〜時津町グローバル交流と地域の活性化〜」をJICA九州センター、長崎県青年海外協力協会などと共催で開催した。

このように、90年に長崎に移住してからは公私で国際協力の啓発にかかわった。長崎県青年海外協力協会に加入し、勤務先の学校や地域において「開発教育」「国際理解」「国際協力」に取り組み、市民や学校関係者と共に考え学んだ。

これらイベント開催の背景には、JICA九州センターからの働きかけで設立した「九州開発教育研究会」がある。九州で教員として働く協力隊経

ブルキナファソの民族音楽：時津小学校にて

験者の集まりで、会長には九州大学農学部教授の藤原昇先生（ラオス
OB）が着任し、私は事務局長を仰せつかった。研究会のメンバーは活動
を通して途上国情勢や南北問題など多くの学びを発信し、グループの輪を
広げ、九州内で語り合える多くの仲間を得た。天草市の商工会議所青年
部や宮崎県青年海外協力協会が開発教育に積極的に取り組んだ姿勢が
とても印象的だった。また、日本熱帯医学研究会が開発教育をテーマに
した研修会を長崎で開催した際、講師として事業内容を紹介させて頂いたの
も貴重な思い出だ。

　思い起こせば小学生の頃から走ることを好み、古希を過ぎた今日まで陸
上競技と共に歩めたことを幸せに思う。スポーツと国際協力について、長期
に、一貫して継続してこられたのは30歳の時の選択と決断で、青年海外

総合型地域スポーツクラブ

長崎県協力隊経験者の懇親会

長崎での開発教育セミナー

協力隊に参加したお陰だと確信する。私の人生の基盤には協力隊経験が
どっしりと根をおろしている。

七転八起、紆余屈折、喜怒哀楽、さまざまなことが隣り合わせで存在し
ていたが、「スポーツで国際協力」を実践できた。

**コラム④　名監督の墓前に思う／
挑戦した足跡が残りの人生を輝かせる**

　加藤明さんが逝去されて37回忌を迎える年、鎌倉へお墓参りに
行った。墓地は北鎌倉にある。鎌倉で電車を降り、小学校時代の友
人で横浜在住の輿正紀君の案内でお寺に行った。伝統ある有名な
建長寺というお寺だ。緩やかな登り坂の小町通りを歩き、右手に鶴岡
八幡宮を見ながら進むとお寺の境内が見えてくる。その足元に和風の
民家をお食事処に改装した『点心庵』があり、鎌倉ならではの昼食
を堪能できる。

　境内の花園が素晴らしく奇麗だということで見学に行ったのだが、
墓地を散策していると見覚えある名前のお墓を見つけた。そこには

"織田幹雄"とある。日本陸上
競技界最初の金メダリストだ。そ
の隣に佇んでいたのは"大松博
文"さんのお墓だった。東洋の
魔女たちを率いて世界のバレー
ボール界を風靡した名監督だ。
ここに眠るこれらの人にとっての
オリンピックとは何だったのだろ
う。単にその競技で頂点に立つ
ことだったのだろうか。加藤明さ
んがペルーチームをオリンピック

織田幹雄氏（左）と大松博文氏の像

に導いたのは何だったのだろうか。

　大会の後、どのような規模の大会であれ、1つの結果が出たらその大会は完結する。そのとき何が残るのか。何が欲しかったのか。私は、選手の人生に何かが残る、何かを得る挑戦でありたい。これからもまだ歩み続ける自分の人生に関わる大切なものを得る挑戦、プロセスであってほしい。このプロセスが有意義で価値があれば、素晴らしい輝きを放つのではないだろうか。

　また、挑戦したという足跡が残りの人生に燦然と輝くはずだ。スポーツ体験で健全な生活を送った青少年が大人になり就業して幸福な生活を送る。その1つのきっかけとなるならば、それはどのようなメダルよりも人としての価値になるのではないかと思う。そのために目指すオリンピックであり、目標とするオリンピックの存在に私は全幅の敬意を捧げたい。

　手の届かぬところに目標を掲げ、到達したいと悩み失敗し、反省してまた失敗する。結局、目標にたどり着かない。そのような選手たちにも歩んだ道程はまっすぐで、途中で投げ出さず、汗を流しながら喰らいつく精神を培う。このような青少年が多く輩出されることでペルーのさま

"なぜ砂丘を登るのか"自問自答しながら汗を流す

ざまな分野におけるけん引役となるリーダーが誕生すると確信している。自分たちの地域を、そして国を自らの手で創り上げていく逞しい青年を輩出するお手伝いが私の協力活動であり、私のオリンピックだったように思う。

寄 稿	綿谷さんとの出逢い、そして始まり…
	椿原 孝典

1982年10月、長野県JOCV駒ケ根訓練所廊下、コピー機の前で交わした言葉、

「初めましてペルー派遣予定の椿原です」

「ペルーから戻ってきた綿谷です。頑張ってください！」

このわずか数分間の会話だけだと記憶するが、綿谷さんと次に会うのは1年後のペルーという事になり、今思えば我々の物語が静かに動き出した日だともいえた。

ともに何をしたのか？

JOCV任期は原則2年。ただ可能ならば任期延長を視野に入れた活動を、とペルー赴任当初から考えていた…そう、選手の育成が2年でできるはずもないと…

そんなタイミングで綿谷さんとの再会であった。

現職参加で参加した綿谷さんは2年間での帰国を義務付けられ、帰国し職場に戻ったが、ペルーの体育教員養成校への専門家派遣というオファーを受け、職を辞して再度ペルーを来訪された。

綿谷さんとの合流で私の環境が一転した。綿谷さんが赴任中最も影響を受けられたという、日本人で、ペルーのバレーボール界最大の功労者、そして

ペルー JOCV バレーボール隊員の選考にも関わった「アキラ カトウ」氏のことやペルーのスポーツ界、そして陸上競技界について語り合う日々を過ごした。

　綿谷さんは、当時若造の私が及ばないほどの陸上競技愛好者で、また博識者でもある。ペルーで昔栄えたインカ帝国時代、その広大な領地全土から集める物、情報などを伝える手段として組織されていた「チャスキ」制度。そのチャスキと日本の「駅伝」との考察論文まで書かれていた。

　「チャスキ」とはまさに駅伝！それは皇帝のため、数千キロの距離と標高差の大地を命懸けで走り、つなぎ、届けきる！という、まさに走る集団のことで、何とその選考会まで行われていたという…あの時期に、文化人類学者しか知らないような事を、綿谷さんが普通に話されていた事には本当に驚かされた。

　綿谷さんはペルー陸上競技連盟への初代派遣という事で、赴任当時の活動環境は自身のフロンティア精神に託されているといっても過言ではなかった。トップが変わるとすべてが変わる…

　「何しに来たの！？」「言葉ができないなら地方にでも行って！」

　その流れは二代目の私の身にも及んだ。

　お陰で活動の約２年間はほぼ地方周り…ただ今思うとその地方での活動で培った人脈と、ペルーでの綿谷さんとの再会がうまくリンクして、その後の活動が劇的に変化する事につながったから不思議だ。

　綿谷さんは今回専門家、JOCVとは異なる立場での赴任であったが、地方のコーチからの依頼を受け、選手数名を首都リマの自宅で預かり、生活を共にして学校へ通わせ、クラブチームの立ち上げなど、選手育成を中心とした生活を決断された。あくまで心身ともに強い選手を育成したいと思う純粋な思いから…。

結果は生み出されたのか？

　綿谷さんがJOCV時代から指導していた選手（愛弟子）は、綿谷さんの指導の下、1988年のソウルオリンピックへ、男子三段跳と走幅跳で出場を果たした。さらに当時のジュニア世界ランキング2位と5位にも輝き、南米記録を打ち立てるとともに、ペルー記録としてこの2つの記録は現在も存続している。

　この間、綿谷さんが提案し実施した砂漠での強化合宿は、2週間もの間、日本人に我が子を預けるという、ペルーのすべてのスポーツ界にとって異例の出来事だったと思う…何もない砂漠の町に…。若い選手たちには衝撃的な体験として今も鮮明に脳裏に刻まれているようだ。現在コーチとなり親となった彼らから、当時の過酷なトレーニングや時として無謀な提案などについても、やり遂げた後の選手たちそれぞれに記録更新という結果であらわれ、各々が自信みなぎる選手へと変貌してゆく過程は実体験として自身のみならず、その他の多くの選手たちに驚きとして受け止められ、指導を仰ぐ者たちが続出した。

　その砂漠の合宿は、当時の選手たちが指導者となった今、彼らの手によって続けられていた事に驚くと共に、今なお、綿谷イズムの継承がなされていた事は「我々が行ってきた事は間違っていなかった！」と確信する大切な一コマと言える。

　その後選手たちが手にしたペルー陸上競技での記録の更新は数え切れない回数となった。中でも40年が経過した今も男子三段跳びと女子円盤投げの2つの種目については、最も古い記録としてコーチの名前（Akira Wataya／Takanori Tsubakihara）と共に現存している。

JOCVの理念「国づくりは人づくりから…」

　ペルー国は1980年代から国内テロ活動が激化し、1991年にはついにJICA専門家3人が殺害されるという痛ましい過去があり、そのため2007年

までの間JICA派遣が中止された。

　そんな中、綿谷さんから掛かってきた1本の電話は私の羅針盤の針が再びペルーへと動き始める転機となった。幸運な事に約40年の時を経て、再び同じ配属先（ペルー陸上競技連盟）へJICAボランティアとして赴任するチャンスを得た。

　自分の後任者が「自分」という奇跡のような事へとつながり、昔の教え子たちとの再会、そして彼らの息子たちへの指導という夢物語を体験する事ができた。

　指導者となっていた当時の選手たちは今の選手たちに、昔日本人に教えられた自らの体験談、トレーニングへの心がけ、練習場での態度などについて語り、自ら実践、行動しており、その姿に驚かされるとともに、嬉しい気持ちで満たされる時となった。

　情勢不安であらゆる事、物が不安定だった1980年代のペルーに不思議な縁で赴き、そこで日本人の綿谷さんと出会い、そして縁があって活動を共にする機会に恵まれた。

　さらにその縁は我々と出会った青春期真っ只中のペルーの選手たちへとつながり、彼らはなりふり構わずトレーニングに励み結果を出し、この40年の間にさまざまな道を歩んでいた。

　コーチ業だけではなく、さまざまな地域で活動する昔の教え子たちは、家庭を築き、また職場ではさまざまな肩書きを持ちつつ、当時日本人と過ごしたとても濃い時間について、さまざまな場面で語り続けていた事も嬉しいニュースであった。100年以上の歴史がある日系社会の中でいまだわずか2人だけという、ペルー国大使の称号を得た教え子は、その就任式で当時の砂漠の合宿のことなどを話し、我々の活動について敬意を評してくれた事にも驚かされた。チャンスがあれば彼らと共にまた、ペルーでの選手育成や地域貢献などの話をしてみたいものだ。

　今の時代SNSを通じてリアルタイムで世界中の人々との連絡が可能とな

り、ペルーでのさまざまな驚きや感動はその都度、綿谷さんと共有させてもらいながら、現在までの40年を超える付き合いをさせて頂いている。

　綿谷さんに驚かされるのは、この40年間のどの場面でお会いしても、その方向性や景色感（人生感）に大きな変化が見られない事だ。常に刺激的で、前に進もうとされている姿に何度も背中を押して頂いた。

悲願達成…そして！

　綿谷さんからこの伝記的本へのコメント投稿依頼を受けた時、何とペルーの陸上女子選手が、35km競歩で世界記録樹立！というとんでもないニュースが飛び込んできた。これはペルー陸上界の奇跡、悲願ともいえる大ニュースである。

　彼女は昨年、我々の教え子が引率しオレゴンで開催された世界陸上競技選手権大会において、ペルー陸上界が待ちに待った世界大会での初メダルの獲得、それも最高の金メダルを2種目で獲得し、日本チームのメダル獲得数（金メダル）を上回る快挙を成し遂げたばかりだったのだが、今回は世界記録の樹立とは…!!

　コロナ禍の東京オリンピックにも参加したこの選手だが、暑さの影響もあり途中棄権という悔しさを経験していただけに、昨年のメダル獲得や、今回の世界記録達成は、2024年のパリオリンピックでのメダリストという更なる悲願達成、目標に向かって続くビクトリーロードになってほしいと願うばかりである。

　いつも綿谷さんが口にしていた言葉がある。

　「人はジタバタしてもどうしょうもない！〝地の利〟〝時の利〟〝人の利〟の3つが揃った時、初めて物事が動くんですよ！」と。

　体力に任せ、ガムシャラに動いていた若かりし頃を振り返ると、なるほど、その言葉が妙に腑に落ちるから不思議だ。

　JOCV協力隊募集の中吊り広告が頭に触れたのが転機となり、そのまま説

明会へ向かい、出逢った方が陸上競技隊員経験者であったという偶然から始まる綿谷さんとの出会い！

　まさにこの「地・時・人」の三拍子が揃い踏みしたからこそ実現している今のこの一コマだと思っている。

　綿谷さん、これからの人生、まだまだジタバタして行きましょう。

　背中を押し続けて下さい。

寄　稿	「スポーツを通じた開発」に思う
	元JICA青年海外協力隊事務局海外業務第二課長（初代スポーツ担当課） 九州大学特任教授　吉田　憲

　独立行政法人国際協力機構（JICA）は、日本の政府開発援助（ODA）を一元的に行う実施機関として、開発途上国への国際協力を行っている。政府が掲げる「開発協力大綱」に基づき、すべての人が、生命や生活を脅かされることなく、尊厳を持って生きられる社会を目指す「人間の安全保障」と、自然環境をそこなわず、格差の少ない持続的な成長を目指し、国内外のパートナーと協力する「質の高い成長」をミッションとして日本の国際協力が実施されている。ビジョンは「信頼で世界をつなぐ」だ。

　この国際協力では、Prosperity（豊かさ）、People（人々）、Peace（平和）、Planet（地球）という4つの切り口から、20の事業戦略「JICAグローバルアジェンダ」を設定し、さまざまなパートナーと協働してグローバルな課題解決に取り組み、人々が明るい未来を信じ多様な可能性を追求できる、自由で平和かつ豊かな世界の実現を目指している。

　「JICAグローバルアジェンダNo.10　スポーツと開発」は、すべての人々が、スポーツを楽しめる平和な世界を実現するための戦略だ。

特にこの分野においては、1965年青年海外協力隊創設時から累計5,000名を超えるスポーツ隊員を派遣してきた。体育のような網羅的な種目から、陸上、野球、柔道など個別指導まで、また代表レベルから、障がい者や子どもまでその対象範囲はさまざまだ。近年では、規律・運営手法等をも伝える「UNDOKAI（運動会）」実施支援やラジオ体操などの運動プログラムの提供なども行っている。

　あるいは、独立後も紛争の続く南スーダンでスポーツを通じた平和の実現への協力も行っている。次世代を担う若者たちに、スポーツを通じて民族の対立を超え、国民が信頼して結束するために2016年から全国スポーツ大会の実施を支援。異なる部族の若者による交流が多くみられるようになっている。

　「スポーツと開発」戦略には、スポーツを開発課題として捉え、スポーツそのものの普及・強化に取り組む「スポーツの開発」とスポーツを手段として捉え、開発課題解決に向けてスポーツを活動に取り入れる「スポーツを通じた開発」の2つに分けられる。

　「スポーツの開発」では、1）スポーツへのアクセス向上として、①ソフトインフラが挙げられる。人材養成の仕組み作りや関連団体の体制強化がある。綿谷さんとその仲間たちは、ペルーにおいて地域巡回指導を通じて地域の指導体制や連盟本部の関わりを整理していった。地方と首都でのトレーニングを連携させるための選手育成システム「クルブ・ヤマト（やまとクラブ）」を創り上げていったのだ。②ハードインフラについては、予算も厳しい中、器具/用具の整備を協会や保護者と行っていった。③普及・強化については、スポーツ指導を行っていったし、特に人材・指導体制的に十分でなかったにも関わらず、地方発掘人材の育成成果により、ナショナルチームの過半を地方出身者が占めるようになったことは痛快だ。リマ選抜から真のペルー選抜としてのナショナルチームを創り上げたのだ。

「スポーツを通じた開発」は、2）心身ともに健全な人材育成と、3）社会包摂と平和の促進に整理される。2）心身ともに健全な人材育成では①健康増進や②教育では、帰国後「総合型地域スポーツクラブ」を立ち上げ、

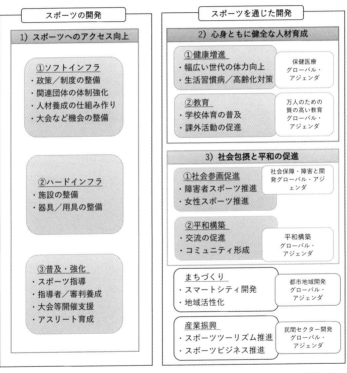

JICAグローバルアジェンダ　スポーツと開発

引用：JICA

1）総合型地域スポーツクラブは、人々が、身近な地域でスポーツに親しむことのできる新しいタイプのスポーツクラブで、子どもから高齢者まで（多世代）、さまざまなスポーツを愛好する人々が（多種目）、初心者からトップレベルまで、それぞれの志向・レベルに合わせて参加できる（多志向）、という特徴を持ち、地域住民により自主的・主体的に運営されるスポーツクラブ（引用　スポーツ庁）。綿谷さんは「とぎつジョイクラブ」を設立され、健康運動教室やウオーキングクラブを推進している。http://togitsujoyclub.org/index.html

運営や長崎県時津町教育委員会委員長としての地域活性化、まちづくりにつながる健康増進・教育を推進した。3）社会包摂と平和の推進では、①社会参画促進として本書にもたくさん出てくる女性選手の育成や障害を抱える人へのまなざしは柔らかく粘り強い。②平和構築では、交流が必ずしも進んでいないオリンピック選手の様子を示唆しながらも、各大会での選手、関係者とのコミュニケーションを活発に行っている。

　綿谷さんが掲げた指導理念「自分たちの地域に誇りや愛着をもとう」「地域の街づくりにかかわる人材になろう」「地域の価値をみんなで共有しよう」「みんなと一緒に未来を切り開く」とその活動は、スポーツの枠組みを超えて、国際協力、いや、社会生活の範たるものだ。

　国際協力は、人づくり、国造り、を通じた、こころのふれあいに他ならない。このことこそが「信頼で世界をつなぐ」だ。そして、綿谷章さんとその仲間たちの活動は、まさに「信頼で世界をつなぐ」ことを具現化していった軌跡だ。そして、その軌跡は、ペルーで、日本で、世界各地で、信頼関係がこれからもつながっていく。

あとがき

　1989年にペルーで別れた教え子たちはその後さまざまな人生を歩んでいる。体育庁長官に就任してスポーツ界をけん引している者、陸上競技連盟会長、同ヘッドコーチ、公認コーチなど陸上競技界の中心的役職を担い普及や競技力向上に尽力している者、陸上の経験と理論を活かしてサッカーやソフトボールなど他のスポーツのトレーニングコーチとして活躍している者、そして、体育教師としてリマ市内はもとより全国各地で児童や生徒の身体育成に日々取り組んでいる者、教育省体育局の指導主事として体育教育の在り方や目標を研究している者、みんな私と共に青少年の健全育成を柱とした陸上競技や体育を考え、選手として実践してきた仲間。彼らは私たちと共有した理念を引き継ぎ、さらに進化させながら活躍している。

　一方、私と陸上競技に打ち込みながら、大学や専門学校で建築学、経済学、工学などを学んだ教え子たちは国内のそれぞれの専門分野で、あるいはアメリカ合衆国、カナダ、スイス、ドイツなど拠点を外国に求めて、活躍しているという便りが届く。なんと頼もしいことか。

　ペルーでの10年の活動と帰国後の30年という人生の基盤となったのは繰り返しになるが2年間の協力隊活動だった。短気で忍耐力がなく、継続してやり抜く力もない、欠点だらけの私だったが、自分でも驚くほどにそれらは逆転した。ペルーの人や習慣が私の欠点を変えてくれたのだ。

　2019年6月、31年振りにペルー、リマを旅行した。ホルヘ・チャベス国際空港に漂う臭いや雰囲気は相変わらずだが、街中の車の増加には目を見張った。教え子たちも自家用車を持ち、渋滞の中を毎日仕事に通っているという。

　私の到着を心待ちしていてくれたのはバリエンテ兄弟たちだった。フェルナンドとリチャード・オルティスが空港で迎えてくれた。フェルナンドが指導す

るカンガルー・クラブ、リチャードが指導するクルブ・ヤマト（私たちのクラブの名称を受け継いだ）、オソリオ・ペレスが率いるコチャバンバ・クラブなどに教え子たちの多くの選手たちが活動していた。彼らとは私たちのトレーニング道場だったバランコ陸上競技場で再会した。全天候性に改修された競技場には30年という月日の経過がしみ込んでいるように感じた。

　彼らとセビチェをつまみにセルベッサ（ビール）を飲み、旧交を温めた。歓談が盛り上がり、一人ひとりの笑い顔と接すると、時空を超えて、まだ自分の居場所がここペルーにあった、と実感する。何とありがたいことか。ペルーの仲間に感謝の言葉を捧げた。ペルーを思わない日は一日たりともない自分が今ペルーで仲間と心で談笑している。

　人種の坩堝で多様な文化が生まれ継承されてきたペルー。私など想像もできない歴史の上にあるペルー。それらを背景としての人の生き方、人の価値観をさまざまな形で見せつけられた。それは否応なく自分の生き方、価値観を問うた。質素・倹約を心掛け、質実剛健に生き、答えを求めず実行で歩み、感謝と奉仕の心は常に忘れず、そして安らぎとくつろぎを求める。こんな自分でありたいと思いつつ活動を続け、齢を重ねてきた。

　教え子たちの選手指導への努力と熱意は、2022年8月にアメリカ合衆国オレゴンで開催された世界選手権大会において結実した。女子競歩でキンバリー・ガルシア・レオン選手が2個の金メダルを獲得。ペルー選手の初めての快挙だった。

　相棒の椿さんがボソッとささやいた。

　「ワタヤ・イズムが継承されていますね」

　ハッとした私は言い直した。

　「協力隊イズムですね」

オスカル・バリエンテ・コーチとキンバリー・ガルシア選手

　椿さんの寄稿コメントにもあるが、キンバリー選手は2023年3月25日、スロバキアで行われた大会の35km競歩で2時間37分44秒の世界新記録を樹立した。躍進が続き、ペルーの青少年、特にスポーツ選手たちに、とてつもない大きな感動と夢を提供し、そして意欲を引き出したのではないかと喜ぶとともに彼女に心からの賛辞を贈りたい。

　私が日本に帰国してからのリカルドはペルーの数少ない陸上オリンピアンとして、先頭に立ってトレーニングに励む。標準記録を突破してのオリンピック参加の難しさ、厳しさを仲間たちに伝え、語り合い、ペルー陸上レベルの向上に燃える。その行動は選手としてだけではなく、若きFPAコーチとして、また、兄フェルナンドと共に創設した陸上クラブ“カングーロ”のコーチとして多くの後進を鼓舞し支援する。

　その中に弟オスカルがいて、彼も兄たちの南米チャンピオンを引き継ぐ。そして、FPAコーチとなったオスカルは東京オリンピックやオレゴン世界選

手権大会に選手を引率してペルーに初めての金メダルをもたらす。

　2cm届かなくてオリンピック出場を逃したフェルナンドの無念。それを心に刻んでオリンピックに臨んだリカルド。残念ながら予選突破はならなかった。この2人の兄から指導されて南米チャンピオンに、そしてFPAコーチとなったオスカル。この30年余りの時間の経過の中で彼らが果たしたFPAへの貢献はとてつもなく大きい。

　現在、3人のバリエンテ兄弟は、椿さんと私が歩んだごとく、ペルーの代表的なコーチとして、多くのコーチ仲間や選手たちから絶対的な信頼を受

左からアルベルト、ブリギッティ、筆者、ススナ、フェルナンド

けて、競技力向上のみならず、陸上競技指導を通して「青少年育成」に邁進している。

この本を執筆するにあたり背中を押してくれた友人がいた、と"はじめに"で触れた。吉田憲さんである。国際協力機構の前中南米部長で現在九州大学の特任教授をされている。この吉田さんこそ"協力隊イズム"を背負って活動している人だと私は常々思っている。

活水女子大学に勤務している頃"国際協力"について私は吉田さんと私たちなりに多くを語り合い、同時に飲んだ。それ以来30年のお付き合いをさせて頂いている。今回、コメントを寄稿して頂き、その中で国際協力、特にスポーツ分野における国際協力の理念や信条等について具体的かつ専門的にコメントして頂いた。このコメントによって私の記述で不足することがすべて補完されたように思う。読者のみなさんも改めて「スポーツで国際協力を」というタイトルの背景をご理解頂けたのではないかと胸をなでおろしている。

小学生時代、既に足が速かったと自慢げに書いた私だが、作文はとても苦手でそれは今も続いている。それゆえこの執筆には大変苦労し時間を要した。それを忍耐強く長期にわたり援助して頂いたのがJICA緒方貞子平和開発研究所スタッフの方々や出版社のスタッフの方々だ。心から感謝申し上げる。

また、私の協力隊参加から一貫して物心両面にわたって支援して頂いた方がたくさんいる。金沢大学恩師の宮口尚義教授、金沢経済大学（現：星稜大学）の荒牧哲郎学長、宮口明義教授には多大のご迷惑をおかけしたにもかかわらず、心温まるご支援を頂いた。星稜高校の親谷均二先生は大学の同級生で親友だ。棒高跳ポールなど陸上競技用具を

寄贈して頂き、私の精神的支えになってくれた。皆様に心から感謝申し上げる。

　そして、ペルーのすべての教え子とその保護者や関係者の皆様に"ムーチャス・グラシャス（アリガトウ）"と申し上げる。

2023年10月　綿谷 章

参考図書

増田義郎・柳田利夫「ペルー　太平洋とアンデスの国（近代史と日系社会）」
　　　中公論新社、1999 年

青木盛久・青木直子「されど我ペルーを愛す」読売新聞社、1998 年

山本紀夫「インカの末裔たち」NHK ブックス、1992 年

伊藤千尋「燃える中南米」岩波新書、1988 年

古川光明「スポーツを通じた平和と結束」佐伯コミュニケーションズ、2019 年

石川泰司「もう金メダルはいらない」河合出版、1990 年

永井洋一「賢いスポーツ少年を育てる」大修館書店、2010 年

今井　望「骨と関節の不思議」東海大学出版会、2000 年

小林信也「子どもにスポーツをさせるな」中公新書、2009 年

青年海外協力隊事務局「海外協力の現場から　ペルー編」
　　　青年海外協力隊、1982 年

青木康征「コロンブス　大航海時代の起業家」中公新書、1989 年

齊藤　晃「魂の征服　アンデスにおける改宗の政治学」平凡社、1993 年

ワンカール（吉田秀穂訳）「先住民族　インカの抵抗五百年史」新泉社、1993 年

上野清士「コロンブス」現代館、1991 年

高野　潤「インカを歩く」岩波新書、2001 年

国際協力事業団「国際協力を読む」国際協力事業団、1994 年

原　正行、他「新国際事情」北樹出版、1992 年

共同通信社「ペルー日本大使公邸人質事件」共同通信社、1997 年

田島正孝「スポーツ脳神経外科」日本図書、1998 年

湯本　優「インナ・パワー」サンマーク出版、2010 年

堀　繁、他「スポーツで地域をつくる」東京大学出版会、2007 年

Gianni MINA「UN ENCUENTRO CON FIDEL」
　　　CONSEJO DE ESTADO、1987 年

Enrique MONTESINOS「ALBERTO JUANTORENA」
　　　Editorial CIENTIFICO-TECNICA、1985 年

地球の歩き方編集室「地球の歩き方 2020 ～ 2021 年版」
　　　ダイヤモンド・ビッグ社、2019 年

参考資料

綿谷　章「ペルー共産党"センデロ・ルミノソ"のテロ活動とペルー政府のテロ鎮圧政策」1995年

綿谷　章「インカ帝国における"Chasqui"の役割と歴史」1982年

綿谷　章「ペルー陸上競技の現状」1982年

伊従直子、他「第三世界の貧困の理解『スラム民衆生活誌−アジア・ラテンアメリカの貧困』」1984年

小倉英敬「ペルー・ガルシア政権の挑戦」エコノミスト、1985年

遅野井茂雄「ペルーの累積債務とガルシア政権」1986年

大嶋　仁「ケチュアの世界−ペルーの土着思想−」1985年

藤田伊織「ペルー共和国−遠いけれども、太平洋で結ばれた隣の国−」1985年

略語一覧

FPA	Federacion Peruana de Atletismo（スペイン語）（ペルー陸上競技連盟）
IAAF	International Association of Athletics Federations（国際陸上競技連盟）
IMF	International Monetary Fund（国際通貨基金）
JICA	Japan International Cooperation Agency（国際協力機構）
JOCV	Japan Overseas Cooperation Volunteers（青年海外協力隊）
JRC	Junior Red Cross（青少年赤十字）
POC	Peru Olympic Committee（ペルーオリンピック委員会）

[著者]

綿谷 章（わたや あきら）

1950年福井県金津町（現あわら市）生まれ。藤島高校卒業。74年金沢大学教育学部教育専攻科修了後、金沢経済大学保健体育教員として奉職。80年青年海外協力隊（ペルー・陸上競技）に休職措置参加。83年国際交流基金スポーツ専門家としてペルー体育・スポーツ庁に3年間派遣される。85年陸上競技ワールドカップ・キャンベラ大会にアメリカ大陸チームコーチとして参加。87年ペルー体育・スポーツ庁と個人契約締結、勤務。88年ソウルオリンピックにペルー陸上競技コーチとして参加。89年帰国。青年海外協力隊駒ヶ根訓練所協力員を経て、90年活水女子大学国際交流課に勤務。
長崎県青年海外協力協会（元OV会）、九州開発教育研究会にて活動。96年整体院を開院。2005〜17年時津陸上クラブ監督。2007〜19年時津町教育委員（10年間委員長）。日本マスターズ陸上60歳の部と65歳の部の混成競技に日本新記録で優勝。
2020年開発途上国の人材育成に多大な貢献をされたとして「JICA理事長賞」および教育行政において功労が特に顕著な教育委員長として「文部科学大臣賞」を受賞。元南米および世界陸上競技連盟公認インストラクター。現在、社会福祉法人小榊アスカ福祉会理事兼事務長、小榊児童クラブ所長。

JICAプロジェクト・ヒストリー・シリーズ

**ペルーでの愉快な、
でも少し壮絶なスポーツ協力**

国際協力をスポーツで

2023年10月12日　第1刷発行

著　者：綿谷　章

発行所：㈱佐伯コミュニケーションズ　出版事業部
　　　　〒151-0051 東京都渋谷区千駄ヶ谷5-29-7
　　　　TEL 03-5368-4301
　　　　FAX 03-5368-4380

編集・印刷・製本：㈱佐伯コミュニケーションズ

JICA プロジェクト・ヒストリー　既刊書

シリーズ全巻のご案内は ☞